AF558477

HEIMGEMACHT
IN DER
Sommerzeit

Liebe Grüße

Kennt Ihr mich noch?
Im ersten Heimgemacht-Buch könnt ihr viel über mich erfahren und entdecken. In diesem zweiten Band möchte ich euch meine tierischen Freunde vorstellen und euch einen Einblick in das sommerliche Leben hier bei uns auf dem Hof Schneider-Windt geben.
Viel Vergnügen!

Unsere liebsten
BUCHGESCHICHTEN

Wir freuen uns sehr, Ihnen den zweiten Heimgemacht-Band präsentieren zu dürfen. Voller Freude und Dankbarkeit war uns schon ganz bald nach Erscheinen des ersten Buches „Heimgemacht in der Winterzeit" klar, dass es auf jeden Fall weitergehen sollte. So groß war die Begeisterung und der Zuspruch über dieses wunderbare Zusammenspiel von Landleben und der kreativen Handarbeit.

Silke Schneider-Windt nimmt uns in diesem sommerlichen Buch wieder mit auf ihren Hof, welcher diesmal geprägt ist von der Liebe zur Staudenpracht des Gartens, dem niedlichen Tiernachwuchs im Stall und den wunderbaren Handarbeiten für ein gemütliches und liebevolles Zuhause. Lesen Sie auf Seite 8, wie Silke Schneider-Windt selbst von Ihrer Zeit im Sommer berichtet.

Die Motive auf Stoffen, Webbändern, Web-Patches und den Stickereien sind von Sophia Drescher liebevoll und detailreich gezeichnet worden. Wieder einmal hat sie auf ihre unverwechselbare Art den Motiven Seele eingehaucht. Auf Seite 30 gibt sie uns einen Einblick in ihr kreatives Schaffen für dieses Buch.

Entstanden sind hier wunderbare Näh- und Stickprojekte, Dekorationen, Rezepte und Anregungen, die wir alle mit in unser Heim mitnehmen und dort weiterwirken lassen können. Silke Schneider-Windt beschenkt uns in diesem Buch mit vielfältigen Ideen und traumhaft schönen Fotografien und wir sind sicher, dass ihr die Ideen so schnell auch noch nicht ausgehen werden.

Wir grüßen Sie herzlich

Ute Menze &
Meike Menze-Stöter

heimgemacht

Anhang

Alle Schnittmuster & Schablonen sind auf dem beigefügten beidseitig bedruckten Schnittmusterbogen (Bogenseite 1 & Bogenseite 2) zu finden

Webbänder & Web-Patches

Unsere Bänder und Etiketten werden aus sehr feinen Polyesterfäden gewebt. Das Material ist sehr wärmeempfindlich und es besteht bei zu heißem Kontakt Schmelzgefahr. Sie können bei 30° C gewaschen werden. **Niemals** in den Trockner geben oder zum Trocknen auf die Heizung legen. **Bügeln nur auf Stufe 1.**

Waschen Wichtig!

Alle unsere ***Baumwoll-Webstoffe (Karo, Fischgrät, Streifen)*** sind locker gewebte Stoffe mit Struktur und werden unbedingt vor dem Zuschnitt gewaschen, damit sie sich nach dem Vernähen nicht verziehen oder einlaufen. Den Mehrverbrauch haben wir in unseren Anleitungen beigegeben. Versäubere zuvor die Schnittkante der Stoffbahn um ein Ausfransen zu verhindern und wasche den Stoff dann bei 30° C im Schonwaschgang mit maximal 400 Schleudertouren. Lasse den Stoff trocknen und bügle ihn vor dem Zuschnitt glatt.

Alle unsere bedruckten ***Baumwollstoffe*** werden vor dem Zuschnitt bei 30° C gewaschen, damit sie sich nach dem Vernähen nicht verziehen oder einlaufen (3 bis 5 %). Versäubere zuvor die Schnittkante der Stoffbahn, um ein Ausfransen zu verhindern. Benutze den Schonwaschgang und niedrige Schleudertouren. Verzichte auf den Trockner. Bügle den getrockneten Stoff vor dem Zuschnitt glatt.

Unsere ***Leinenstoffe*** werden vor dem Zuschnitt bei 30° C gewaschen, damit sie sich nach dem Vernähen nicht verziehen oder einlaufen. Versäubere dazu die Schnittkante um ein Ausfransen zu verhindern, wähle niedrige Schleudertouren. Bügle ihn noch feucht vor dem Zuschnitt glatt.
Für Informationen zum Zählleinen siehe Sticklexikon Seite 122.

Briefecken

Für die Briefecken werden die Kanten des Werkstücks im ersten Bügelschritt 1 cm nach links umgeschlagen und eingebügelt. Im zweiten Bügelschritt werden die umgebügelten Kanten nochmal in der gewünschten Saumbreite (1 cm, 2 cm, 3 cm oder 4 cm) auf die linke Stoffseite gebügelt und wieder aufgeklappt. Im dritten Bügelschritt werden die Ecken genau über den Eckpunkt der inneren Bügelnaht nach links gebügelt *(Bild 1)*. Die Ecken werden wieder aufgefaltet und rechts auf rechts in sich aufeinandergelegt, so dass alle Bügelkanten genau aufeinander liegen. Die 1 cm Bügelnaht bleibt dabei zur linken Stoffseite umgeschlagen. Nun wird die Ecke entlang der Bügellinie aus dem dritten Bügelschritt abgenäht. Dabei wird Anfang und Ende gut verriegelt. Die Ecke wird bis auf eine Nahtzugabe von 0,5 cm gekürzt *(Bild 2)*. Anschließend wird die Nahtzugabe auseinandergebügelt, die Ecke gewendet und nochmals gebügelt. Der Saum wird nun rundherum knappkantig abgesteppt *(Bild 3)*.

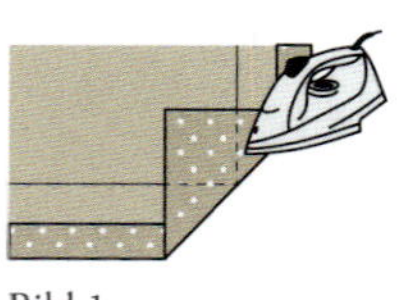

Bild 1

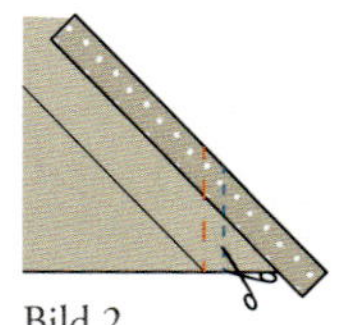

Bild 2

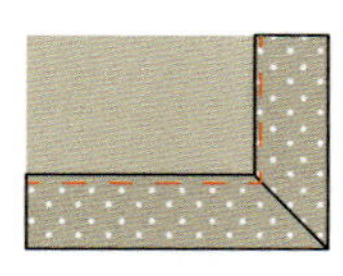

Bild 3

Binding oder Randbinding

Nach dem Quilten begradige die Schnittkanten. Die Näharbeit wird mit dem sogenannten Binding eingefasst. Hierfür nähe einzelne Streifen mit schrägen Nähten zu einem Band zusammen, das um die ganze Näharbeit reicht. Schlage den Anfang im 45° Winkel zur linken Stoffseite ein *(Bild 1)* und falte den Streifen der Länge nach auf die Hälfte, die rechte Seite liegt außen, anschließend bügeln.
Lege die Einfassung oben auf die Näharbeit und nähe das Band an *(Bild 2)*. Beginne die Naht 10 cm hinter dem Bandanfang. Um eine Ecke zu nähen, stoppe 0,75 cm vor der Kante. Drehe die Näharbeit um 90° gegen den Uhrzeigersinn, schlage den Streifen im 90° Winkel nach oben und falte den Streifen entlang der nächsten Kante nach unten *(Bild 3 + 4)*.
Nähe nun die zweite Kante an. Verfahre so mit allen Kanten. Wenn du wieder am Anfang ankommst, schiebe das Ende des Einfassstreifens in den gefalteten Anfang *(Bild 5)*. Schlage zum Schluss den Streifen auf die Rückseite und nähe ihn dort von Hand mit feinen Stichen fest *(Bild 6)*.

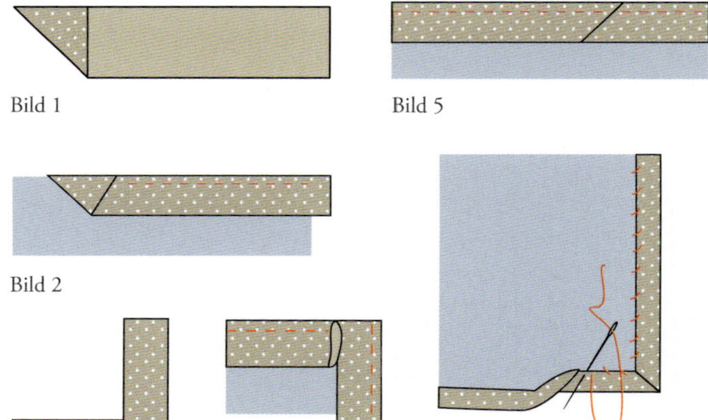

Bild 1 Bild 5 Bild 2 Bild 3 Bild 4 Bild 6

Kräuseln

Mit der größten Sticheinstellung an der Nähmaschine werden zwei Stepplinien ohne Vor- und Rücknähen durch das Werkstück genäht. Die erste Linie wird füßchenbreit von der Schnittkante und die zweite Linie füßchenbreit von der ersten Stepplinie entfernt genäht. Die Fäden werden am Anfang und Ende etwas länger gelassen und an einem Ende werden jeweils Ober- und Unterfaden verknotet. Nehme die Unterfäden der anderen Seite in die Hand und halte sie fest. Schiebe dann den Stoff über diese Fäden gleichzeitig und gleichmäßig zusammen. So entstehen feine Kräusel. Muss eine Mitte im Stoff gekennzeichnet werden, so geschieht dies immer vor dem Kräuselvorgang.

Nählexikon & Materialkunde

Nahtzugabe und Versäubern

Die Nahtzugabe ist der Abstand zwischen Schnittkante und Naht. Schablonen und Schnittmuster sind ohne Nahtzugabe skizziert, hier muss im Regelfall 1 cm Nahtzugabe hinzugefügt werden. In Ausnahmefällen wird eine andere Angabe genannt, was manchmal bei kleineren Werkstücken der Fall ist. Die Nahtzugaben werden immer mit einem Zickzackstich oder mit der Overlock versäubert. Verschwinden die Nähte in einem Werkstück, verzichtet man auf das versäubern. Jersey, Walk und ähnliche Stoffe werden nicht versäubert.

Nahtschatten

Im Nahtschatten nähen bedeutet durch eine bereits vorhandene Naht eine weitere Naht zu setzen. Dadurch wird die zweite Naht fast unsichtbar.
Beispiel: Man näht zwei Teile aneinander, bügelt diese Naht und steppt nun von rechts genau über die auseinandergebügelte Naht.

Nähstiche

Matratzenstich

Beim Matratzenstich werden zwei Stoffteile unsichtbar miteinander verbunden. Er wird von rechts nach links gearbeitet. Steche in den Rand der Faltkante ein und 2 mm daneben aus. Gehe nun auf die gegenüberliegende Faltkante und steche in diese ein und nach 2 mm wieder aus.

Saumstich

Der Saumstich eignet sich besonders für Säume und um Applikationen sowie Schrägbänder mit unsichtbaren Stichen anzunähen. Arbeite den Stich immer von rechts nach links. Nähe einige kleine Stiche um den Faden zu befestigen. Ziehe dann Nadel und Faden von unten nach oben durch die Naht- bzw. Bruchkante. Nehme etwas oberhalb der Bruchkante einige Gewebefäden des zweiten Stoffes auf, führe die Nadel schräg unter dem ersten Stoff einige Millimeter nach links und komme wieder von unten durch die Nahtkante.

Nähstiche

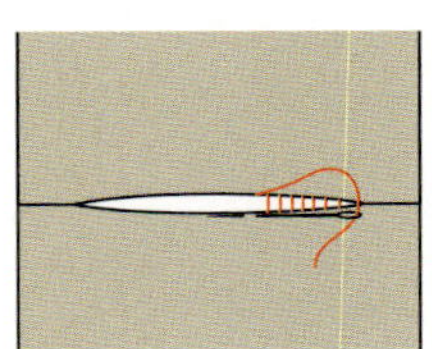
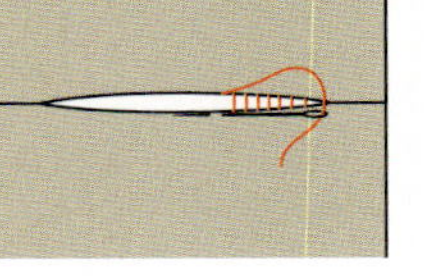

Matrazenstich

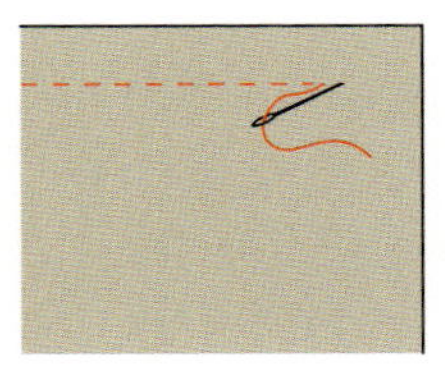

Heftstich (heften, reihen)

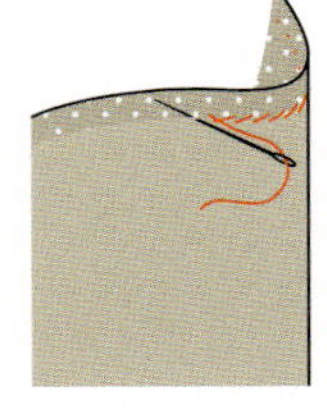

Saumstich

Rechts auf rechts

Lege die rechten Seiten zweier Stofflagen aufeinander (rechts auf rechts). Bei Druckstoffen sind es die bedruckten Seiten, bei Jersey oder Strickstoffen die glatten Seiten – oder eben solche Seiten, die beim fertigen Werkstück sichtbar sein sollen. In einigen Ausnahmen wird auch links auf rechts, rechts auf links oder links auf links gelegt. Damit wird immer die jeweilige Stoffseite bezeichnet.

Reihen oder Heften

Das Reihen oder Heften geschieht mit einem hellen Faden und ungefähr 1 cm langen Stichen überall dort, wo Nadeln stören oder nicht ausreichen, um präzise fixieren zu können. Zum Beispiel vor dem Bügeln oder an Kanten, die genau aufeinander liegen sollen. Aber auch um dem Gesteckten mehr Halt zu geben, kann man ein Werkstück vor dem Nähen mit der Nähmaschine reihen.

Reissverschluss in Kissen

An der unteren Kante des Kissens werden jeweils von beiden Seiten 6 cm zugenäht *(Bild 1)*. Diese Naht wird durchgehend auseinandergebügelt *(Bild 2)*. Nähe den Reißverschluss von der rechten Stoffseite ein. Lass das Füßchen an den Reißverschlusszähnen vorbeilaufen. Noch präziser wird dieser Arbeitsschritt mit einem Reißverschlussfuß *(Bild 3)*.

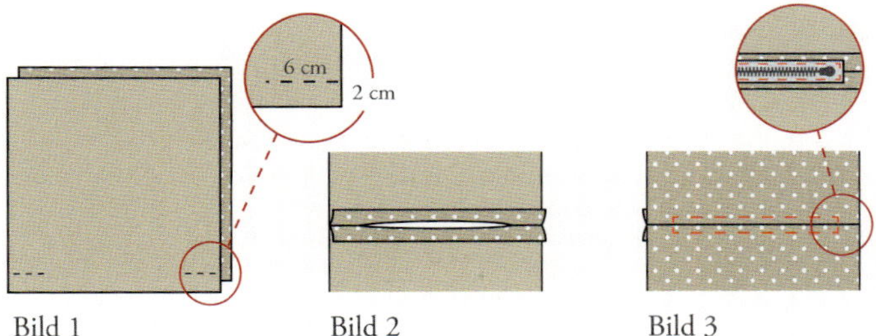

Bild 1 Bild 2 Bild 3

Schablonen & Zuschnitt

Die Schablonen sind exklusive Nahtzugabe, außer es wird in der Anleitung anders beschrieben. Sie werden inklusive aller Markierungen auf transparentes Papier oder Folie übertragen und entlang der Außenlinie ausgeschnitten. So ist das Muster beim Motivstoff beim Arbeiten gut zu erkennen. Die Schablone wird mit Stecknadeln auf dem Stoff platziert und mit einem Trickmarker oder einem Kreidestift umzeichnet. Eventuelle Markierungen werden ebenfalls auf den Stoff übertragen. Eine Nahtzugabe von 1 cm (wenn nicht anders angegeben) wird entlang der Außenlinie aufgezeichnet und der Stoff entlang dieser Linie ausgeschnitten.
Bei einigen Projekten wird empfohlen die Schablone zusätzlich auf einen dünnen Karton zu übertragen. Dies ist überall dort von Vorteil wo die gleiche Schablone mehrmals verwendet wird. Einige Schablonen müssen an Markierpunkten aneinander gefügt werden.
Der Zuschnitt erfolgt zumeist, wenn nicht anders angegeben im Fadenlauf. Leinen wird fadengerade geschnitten. Hierfür ziehe zur Hilfe einen Faden an gewünschter Stelle aus dem Gewebe heraus und schneide daran entlang. Baumwollstoff wird optimal auf einer Schneidematte mit dem Rollschneider geschnitten.

Stoffbruch

Als Stoffbruch wird die Kante bezeichnet die entsteht, wenn der Stoff links auf links aufeinander gefaltet ist. Diese Kante nennt man auch Bruchkante. Die so ausgeschnittenen Teile sind spiegelverkehrt.

Mein Sommerleben

„Der Sommer ist für mich die Jahreszeit der Fülle und des Lichtes. In der Sommerzeit fängt mein Tag gerne früh an und im Gegensatz zu anderen Jahreszeiten ist es jetzt wunderbar hell und warm. Oftmals genieße ich einen ersten Kaffee im Garten bevor die anderen Familienmitglieder aufstehen. Atme die ruhige Stimmung als wohltuenden Moment ein und ziehe daraus Kraft für den neuen Tag. Das sanfte Licht, das eifrige Vogelgezwitscher, der Morgentau auf den Pflanzen und die Blumenpracht in den Staudenbeeten, all das genieße ich am Morgen ganz besonders. Unser alter Hofhund begleitet mich dabei auf Schritt und Tritt und ist ein treuer Begleiter. Und während die Galloways friedlich mit ihren noch jungen Kälbern auf den angrenzenden Weiden ruhen, fordern die kleinen Ferkelchen schon lautstark ihr Frühstück bei der Mutter ein. Sie werden bei uns im Frühjahr geboren und dürfen nach ca. vier Wochen die Kinderstube im Stall verlassen und genießen fortan die Freiheit unter der Obstbaumwiese. Sie erfreuen dabei nicht nur uns mit ihrer liebenswerten und fröhlichen Art, sondern auch zahlreiche vorbeifahrende Fahrradfahrer, die oft stehen bleiben und einen Moment zusehen. Auf Seite 57 erfahrt ihr mehr über die Bunten Bentheimer. Bis auf das Federvieh, das sich in den Nächten um Schutz vor Räubern in ihre Ställe zurückzieht, leben in der Sommerzeit alle Hoftiere ganztägig auf den Weiden und brauchen uns weniger. Dafür nimmt die Gartenarbeit jetzt viel Raum ein. Unser Garten zeigt sich im Sommer von seiner schönsten Seite. Die Stauden erblühen nacheinander und die Insekten schwirren fleißig von Blüte zu Blüte. Die kleinen Samenkörner, die ich im Frühjahr im Gewächshaus in Anzuchttöpfe gesteckt habe, sind schon längst als kräftige Pflanzen in den Gemüsegarten umgezogen und stehen zur Ernte bereit. Nun wird der Vorrat an eingekochtem Obst und Gemüse wieder aufgefüllt und für das weitere Jahr konserviert. Seit einigen Jahren ziehe ich viele einjährige Blumen wie Zinien, Kosmeen, Strandflieder, Ringelblumen, Duftwicken, etc. für unseren Bauerngarten aus Saatgut heran und bin jedes Mals aufs Neue erstaunt, wie sie innerhalb nur weniger Monate in voller Blüte in den Beeten stehen. In diesem Buch zeige ich einige Möglichkeiten, diese Blumen zu arrangieren und zu nutzen. Der Garten ist neben meiner Familie, dem Hofleben und meiner Arbeit in der Nähwerkstatt eine große Herzensangelegenheit.Ich habe daher neben den zahlreichen Projekten aus meiner Nähwerkstatt einiger meiner liebsten Ideen für den Sommer in diesem Buch gebündelt und ich freue mich sehr über dieses weitere Projekt von acufactum, Sophia Drescher und mir."

Herzlichst Silke Schneider-Windt

Kleine Lieblinge

„Im Frühsommer kommen unsere kleinen Ferkelchen auf die Welt. Das ist eine wunderbare Zeit, die von alllen mit Spannung erwartet wird.“

Tischdecke mit Rüschen

Größe ca. 90 x 90 cm

Material

- 0,90 m BW-Stoff Feine Flora (A)
- 0,90 m BW-Stoff Emma Petroleum (B)
- 1,10 m Webstoff Streifen Blau (C)
- 0,90 m Gewebeeinlage (D)
- Webpatch Homemade

Zuschnitt

Inkl. 1 cm Nahtzugabe. Vor dem Zuschnitt alle Stoffe nach Anleitung waschen, siehe Nählexikon.

A: 82 x 82 cm für das Mittelstück
B: 82 x 82 cm für das Mittelstück
C: 4x 22 cm x gesamte Stoffbreite für die Rüsche
D: 82 x 82 cm

Die Tischdecke mit hübschem Rüschendetail ist dank Wendeoptik ein wundervoller Hingucker auf dem Tisch. So hat sie auch nach einem Fleckchen zwei Leben, bevor sie in die Waschmaschine kommt.

Bügle die Vlieseline auf die linke Stoffseite des Mittelstückzuschnitts (A). Runde alle Ecken mithilfe eines Glases an je beiden Mittelstückzuschnitten leicht ab. Nähe die vier Rüschenstreifen an den kurzen Seiten zu einem langen Streifen zusammen und schließe diesen zur Runde. Bügle die Nahtzugaben auseinander. Falte den Streifen links auf links längs in der Mitte und bügle die Bruchkante ein. Nähe mit einem großem Stich zum Kräuseln zweimal im Abstand von 5 mm zueinander von Quernaht zu Quernaht am Rand entlang. Die Fäden dabei nicht vernähen sondern einfach nur abschneiden.
Stecke die Quernähte auf die abgerundeten Ecken des Mittelstücks (A). Kräusele die Längen nacheinander und verteile die Kräusel gleichmäßig. Steppe den Rüschenstreifen zwischen den Kräuselfäden auf dem mit Vliesline bebügelten Zuschnitt fest. Nun lege das unbebügelte Mittelstück rechts auf rechts auf, die Rüsche liegt dabei zur Mitte hin. Steppe von der Vlieselineseite knapp neben der eben entstandenen Naht, zur Mitte hin, beide Zuschnitte zusammen. Lasse dabei eine Wendeöffnung. Wende die Tischdecke durch die Wendeöffnung und schließe die Öffnung.
Entferne die sichtbaren Kräuselfäden und bügle die Tischdecke. Nähe abschließend den Web-Patch von Hand mit je einem Kreuzstich an den Ecken an der gewünschten Position fest.

RÜSCHENFEINES *für den Tisch*

Zart gerüschte Borte trifft hier auf einen floralen Stofftraum. Die fein geschwungenen Blüten und Blätter zaubern eine harmonische Atmosphäre an die liebevoll gedeckte Kaffeetafel.

ROMANTIK *am Gartentisch*

Beim ersten Blick auf die fein deckte Tafel begrüßen diese edlen Leinenservietten die ankommenden Gäste. Frisch gepflückte Blumen aus dem Garten finden hierbei Platz hinter dem aufgenähten Webpatch.

Leinenservietten

Größe 43 x 43 cm

Material für 6 Servietten

- 1 m Leinen meliert jeansblau (A)
- 6 Webpatches Homemade

Zuschnitt

Inkl. 1 cm Nahtzugabe. Vor dem Zuschnitt alle Stoffe nach Anleitung waschen, siehe Nählexikon.

A: 6x 45 x 45 cm

Bei dieser klassisch ostfriesischen Teetafel wurden frisch gepflückte Wiesenblumen hinter die Web-Patchöffnung dekoriert. Die gefalteten Servietten sind mit einer alten Wäscheklammer aus Holz verziert.

Bügle an jeder der vier Kanten eines Quadratzuschnitts zuerst 1 cm und dann noch einmal 1 cm auf die linke Stoffseite ein. Nähe nun an allen vier Ecken eine Briefecke *(siehe Nählexikon Seite 6, Briefecken)*. Bügle den gesamten Saum der Serviette und nähe den Saum von links fest. Nähe abschließend den Web-Patch mit je einer Maschinennaht an der linken und rechten Seite an der gewünschten Position fest.

SÜSSER GRUSS
aus der Küche

Blaubeertarte mit Panna Cotta

für eine eckige Tarteform oder 6 Tartelettes

Zutaten

- 60 g zimmerwarme Butter
- 30 g Puderzucker
- 1 Prise Salz
- 1 Ei
- 130 g Mehl
- 50 g Cashewnusskerne
- 75 g weiße Schokolade
- 1 Vanilleschote
- 3 Blatt Gelatine
- 200 g Schlagsahne
- 180 g Milch
- 70 g Zucker
- 200 g Blaubeeren
- 1 TL Zitronensaft
- Hülsenfrüchte zum Blindbacken

Mahle die Cashewnusskerne fein und vermenge sie mit einem Knethaken zusammen mit dem Mehl, Butter, Puderzucker, Ei und Salz zu einem Teig. Wickle den Teig in Frischhaltefolie und stelle ihn eine Stunde kalt. Heize den Backofen auf 180° C vor.

Rolle den Teig aus, lege eine zuvor gefettete und bemehlte Tarteform damit aus und steche den Teigboden mit einer Gabel mehrmals ein. Knülle ein Backpapierbogen zusammen und glätte ihn danach wieder. Lege die Form damit aus und beschwere zum Blindbacken mit den Hülsenfrüchten. Backe im vorgeheizten Ofen auf dem untersten Rost 15 Minuten. Entferne dann die Hülsenfrüchte und das Papier und backe den Boden weitere fünf Minuten, bis er goldbraun ist. Lasse den Boden abkühlen.

Schmelze die Schokolade über einem heißen Wasserbad und bestreiche den Tarteboden mit der flüssigen Schokolade, damit der Boden später nicht aufweicht. Ritze die Vanilleschote für die Panna Cotta längs auf und schabe das Mark heraus. Weiche die Gelatine für etwa 5-10 Minuten in etwas kaltem Wasser ein. Erhitze 100 g Sahne mit der Milch zusammen in einem Topf. Gebe Zucker, Vanilleschote und -mark hinzu, lasse alles aufkochen und entferne dann wieder die Vanilleschote. Drücke die Gelatine aus, löse sie unter Rühren in der Sahnemilch auf und lasse die Creme leicht abkühlen.

Püriere 100 g Blaubeeren und rühre sie zusammen mit dem Zitronensaft unter die Panna Cotta. Schlage die restliche Sahne steif und hebe sie unter die Blaubeercreme, sobald diese beginnt fest zu werden. Fülle die Creme in die Form, stelle die Tarte für mindestens drei Stunden kalt und garniere sie kurz vor dem Servieren mit den restlichen Blaubeeren.

Im Kontrast zu ihrem schlichten jedoch stilvollen Äußeren, begeistert die Gürteltasche von innen mit fein abgestimmtem Motivstoff.

Die Anleitung zu dieser hübschen Gürteltasche ist auf Seite 68 vermerkt.

REFUGIUM
der Erholung

Mit duftender Abendluft in der Nase lassen wir den Alltag hinter uns und geben uns völlig dem Naturschauspiel des Gartens hin. Ein Ort, der uns aus nächster Nähe die Wunder der Natur aufzeigt und uns wohltuende Ruhe und Dankbarkeit darbringt.

GLÜCK

auf der Suche
nach dem großen Glück
werde ich doch immer wieder
von ihm selbst gefunden

begegnet es mir
plötzlich
oftmals unter der Maske des Geringen
des Alltäglichen

heute morgen war es da
in deinem Lächeln
gestern Abend
als unser Kind seinen Kopf an meine Schulter legte

da trifft es mich wie ein Sonnenstrahl
direkt ins Herz
ganz warm
ganz hell

da begegnet mir das große Glück
unverfügbar
unverdient
als Geschenk

Arndt H. Menze

Auch Lotta und Maja gehen in die Schule und lernen dort fleißig.

Esel Lotta und Pony Maja

Größe ca. 55 cm
Schablone 1 auf Bogenseite 1

Material

Pony

- 0,25 m Leinen meliert natur (A)
- 0,15 m Leinen Stonewashed rauchbraun (B)

Esel

- 0,25 m Leinen Stonewashed rauchgrau (A)
- 0,15 m Leinen meliert natur (B)

Für Beide

- Rest Webstoff Streifen Grün (C)
- Rest Vlieseline (D)
- Füllwatte
- schwarzes Stickgarn
- Wollreste für Mähne und Schweif
- fester Karton

Zuschnitt

Schablonen zzgl. NZ zuschneiden.
Vor dem Zuschnitt alle Stoffe nach Anleitung waschen, siehe Nählexikon.

A: 2x Schablone 1.1 für Körper, 2x Schablone 1.2 für Kopf, 4x Schablone 1.3 für Arme und Beine, 2x Schablone 1.4 für Ohren
B: 2x Schablone 1.4 für Maul, 4x Schablone 1.5 für Hufe
C: 2x Schablone 1.4 für Ohrenfutter (C)
D: 4x Schablone 1.4 für Ohren (D)

Du und ich sind Freunde fürs Leben. Diese niedlichen Kuscheltiere sind einfach wundervolle Begleiter für den Alltag unserer Kleinen. Sie nehmen an Kaffeekränzchen teil, sind Tröster in unruhigen Minuten und sind Kuschelpartner für einen sanften Schlaf und geruhsame Nächte.

Bügle zunächst die Vlieseline (D) auf die vier Zuschnitte der Ohren (A und C). Lege jeweils einen Zuschnitt der Ohren und des Ohrenfutters rechts auf rechts und nähe entlang der beiden Ohrenkanten, die untere Kante bleibt offen. Schneide die Nahtzugabe mit einer Zickzackschere zurück. Wende die Ohren und schlage die Nahtzugabe an der unteren Kante nach innen und schließe das Ohr von Hand. Lege jeweils einen Hufzuschnitt (B) rechts auf rechts auf einen Arm- bzw. Beinzuschnitt und nähe die Naht. Bügle die Nahtzugabe auseinander und lege das Bein dann in sich rechts auf rechts und nähe die lange Kante. Achte darauf, dass die Hufnähte exakt aufeinandertreffen. Lege die Nahtzugabe in die Mitte und schließe die kurze Hufnaht.
Wende Arme und Beine und fülle sie mit Füllwatte. Stecke je einen Arm auf den Ansatzpunkt des Körperzuschnitts (die Armnaht zeigt dabei zum Körper).
Nähe für den Esel zunächst die Nase rechts auf rechts an den Eselkopf und bügle die Nahtzugabe auseinander. Lege je einen Kopfzuschnitt mit dem Halsende rechts auf rechts auf den Körperzuschnitt, die Arme liegen dabei zwischen diesen beiden Lagen, und nähe die kurze Halsnaht zusammen.
Schneide nun für die Mähne und den Schweif aus dem Karton eine Vorlage. Die

FREUNDE
fürs Leben
Ich mag

Fortsetzung:

Länge beträgt ca. 15 cm und entspricht der späteren Schweif- bzw. Mähnenlänge. Die Breite sollte mindestens 5 cm betragen. Umwickle nun diesen Kartonzuschnitt mit der Wolle. Je nach Garndicke braucht man für die Mähne bis zu 100 Fäden (50 Umwicklungen). Schneide an einem Ende die Fadenenden auf und lege die vielen Wollfäden für die Mähne gleichmäßig verteilt zwischen die Mähnenmarkierungen auf eines der Kopfteile, die offenen Fadenenden zeigen dabei nach innen. Steppe die Mähne kanppkantig fest.
Umwickle für den Schweif noch einmal den Kartonzuschnitt ca. 25-mal und schneide an einem Ende die Fadenenden auf. Lege den Schweif an der Markierung an, die langen Fäden zeigen nach innen, steppe ihn knappkantig fest.
Stecke nun die beiden Körperteile rechts auf rechts aufeinander. Achte darauf, dass die Halsnähte (beim Esel auch die Maulnähte) aufeinandertreffen und die Mähne nicht versehentlich zwischen die Naht gerät. Nähe über Bauch, Maul, Stirn, Hals und Rückennaht bis auf die Wendeöffnung das Pony zusammen und fasse dabei den Schweif mit. Lasse dabei die Bauchnaht noch offen. Lege die Beine in das Pony und stecke sie an der Markierung an der Bauchnaht fest. Sie zeigen nach innen durch die Wendeöffnung. Ziehe den Schweif ebenfalls durch die Wendeöffnung. Übertrage die eingezeichnete Rundung vom Schnitt und lege nun die vordere Mitte auf die rückwärtige Mitte und steppe die untere Naht zu. Nähe die untere Naht. Die Beine liegen dabei zwischen beiden Lagen. Fülle den Kopf und Rumpf sorgfältig mit Füllwatte. Schließe die Wendeöffnung von Hand. Falte die Ohren einmal in der Mitte und nähe sie von Hand an. Sticke die Augen und Nüstern von Hand mit dem Stickgarn.

Eseldame Lotta und Shetlandpony Sartje vom Hofe Schneider-Windt waren die Vorlage für die beiden zauberhaft schönen Kuscheltiere. Mit ganz viel Liebe genäht, begleiten sie kleine Pferdefreunde durch den fröhlichen Alltag.

Erst müssen noch rasch die Hausaufgaben erledigt werden ...

Seelentröster und Spielkamerad zugleich. Das Lieblingspony ist immer zur Stelle.

Kleid für den Esel

Schablone 2 auf Bogenseite 1

Material

- 0,25 m BW-Stoff Feine Flora (A)
- 1 m Spitze Maia 13 mm
- 0,30 m Gummiband 5 mm breit

Zuschnitt

Schablonen zzgl. Nahtzugabe zuschneiden. Vor dem Zuschnitt alle Stoffe nach Anleitung waschen, siehe Nählexikon.

A: 2x Schablone 2.1 im Stoffbruch für Kleid,
2x Schablone 2.2 im Stoffbruch für Ärmel

Versäubere alle Kanten. Nähe zunächst die beiden Ärmel rechts auf rechts an Vorder- und Rückenteil. Schlage die Nahtzugabe der Ärmelsäume nach innen und steppe sie ab. Lege das Kleid rechts auf rechts und schließe die beiden Seitennähte in einem Zug vom Ärmel bis zur Saumkante. Falte die untere Saumkante des Kleides nach innen und steppe den Saum. Lege die Spitze so unter den Saum des Kleides, dass die Rundung der Spitze seitlich hervorlugt. Nähe die Spitze am Saum schmalkantig fest. Lasse dabei Anfang und Ende der Spitze etwas überlappen. Nähe die Nahtzugabe des Halsausschnitts ebenso nach innen, lasse dabei eine kleine Öffnung für den Einzug des Gummis. Lege auch hier die Spitze wie beim Saum beschrieben unter den Halsausschnitt und steppe die Kante schmalkantig ab. Anfang und Ende überlappen auch hier etwas. Ziehe das Gummiband ein, reguliere die Weite des Ausschnitts, steppe Anfang und Ende des Gummis aufeinander und schließe die Tunnelöffnung.

Latzhose für das Pony

Schablone 3 auf Bogenseite 1

Material

- 0,40 m Webstoff Streifen Blau (A)
- Web-Patch „Ich mag dich"
- 2 kleine Holzknöpfe
- 2 kleine Druckknöpfe

Zuschnitt

Schablonen zzgl. Nahtzugabe zuschneiden. Vor dem Zuschnitt alle Stoffe nach Anleitung waschen, siehe Nählexikon.

A: 2x Schablone 3.1 für Vorderhose,
2x Schablone 3.2 für Hinterhose,
1x Schablone 3.3 im Stoffbruch für Beleg,
1x Schablone 3.4 im Stoffbruch für Beleg,
2x Schablone 3.5 für Träger

Versäubere alle Kanten. Nähe die Mittelnaht an Vorder- und Hinterhose rechts auf rechts zusammen. Stecke Vorder- und Hinterhose rechts auf rechts aufeinander und nähe die Seitennähte und die innere Beinnaht. Wende die Hose auf rechts. Lege die Träger an der langen Kante rechts auf rechts in den Bruch. Nähe jeweils eine kurze und die lange Seite zusammen. Kürze die Nahtzugabe etwas ein und schneide sie in den Ecken bis kurz vor der Naht ab. Wende die Träger und bügle sie. Stecke die Träger rechts auf rechts mit der offenen Seite auf das Rückenteil und beachte dabei, seitlich Platz für die Nahtzugabe zu lassen. Nähe die Träger knappkantig an.

Lege die Belegteile rechts auf rechts und nähe die Seitennähte. Stülpe den Beleg rechts auf rechts über die Hose, stecke ihn fest und nähe den Beleg entlang der oberen Kante an die Hose und fasse die Träger dabei mit. Kürze die Nahtzugabe ein. Schlage den Beleg nach innen und bügle die obere Kante. Verbinde den Beleg mit einigen Stichen an den Seitennähten der Hose, damit er nicht herausrutscht. Nähe abschließend die Druckknöpfe mit der Hand an die Träger. Markiere die Position des Gegenstücks auf der Vorderhose und nähe es von Hand an. Nähe den Knopf zum Schmuck außen auf Druckknopf am Träger. Nähe das Webetikett ebenfalls von Hand mit einem Kreuzstich in jeder Ecke an.

Wie süß sehen die neuen Lieblingskuscheltiere in ihrer genähten Kleidung aus! Durch verschiedenste Stoffkombinationen entstehen Latzhosen und Kleidchen, die wunderbar zur aktuellen Jahreszeit passen. Fein verziert mit Bändern und Patches wird der neue Kuschelfreund dann zum richtigen Unikat.

SÜSSE TRÄUME
für meine Lieblinge

Ein hölzernes Puppenbett bietet einen gemütlichen Platz für Kuschelpony und Eselchen. Fein zugedeckt mit einem Deckchen aus kariertem Webstoff lässt es sich so wunderbar Träumen.

FEINE HÄUSCHEN

liebevoll dekoriert

Mit hübschen Web-Patches versehen sind diese Dekoanhänger ganz vielseitig einsetzbar. Die Web-Patches selber agieren als kleine Täschchen, in denen feine Blumen oder Gartenkräuter Platz finden.

Die genähten Häuschen sind nicht nur schön anzusehen. Mit Duftkräutern befüllt eignen sie sich auch ganz wunderbar als Duftkissen für Wohnräume oder Wäscheschränke.

Kleine Häuser

Größen 20 x 10 cm / 16 x 10 cm / 12 x 8 cm
Schablone 4 auf Bogenseite 1

Material

- 0,25 / 0,20 / 0,15 m Leinen meliert natur (A)
- 0,30 / 0,25 / 0,20 m Webstoff (B), gerne verschiedene z.B. Karo Blau, Karo Grün, Karo Gelb, Streifen Blau, Streifen Grün, Fischgrät Blau, Fischgrät Grün, Fischgrät Gelb
- Web-Patch, z. B. Schweinchen, Stiefel & Katze, Unikat, Home, Familie
- 0,10 m Webband, z. B. Schweinchen, Pferde
- etwas Vliesofix (C)
- dickes Nähgarn für Fenster
- Jutekordel
- *optional: kleiner Knopf als Türgriff*

Zuschnitt

Schablonen zzgl. Nahtzugabe zuschneiden. Vor dem Zuschnitt alle Stoffe nach Anleitung waschen, siehe Nählexikon.

A: 1x Schablone Nr. 4.1 für Hauswand
B: 1x Schablone Nr. 4.2 für Dach
1x Schablone Nr. 4 (ganz) für Rückseite
1x Tür, ohne Nahtzugabe zuschneiden
C: 1x Tür, ohne Nahtzugabe zuschneiden

Die hübschen Dekohänger in Hausform sind schnell genäht und daher ein sehr schönes Mitbringsel. Das aufgenähte Web-Patch fungiert als Täschchen und bietet genügend Platz für einen kleinen Blumengruß. Auch lässt es sich ganz toll als Hängedeko in Kränzen oder in begrünten Schalen dekorieren.

Alle drei Häusergrößen werden gleich gefertigt. Die Dächer der beiden größeren Häuser können ausgetauscht werden.
Zuerst wird die Hauswand vorbereitet: Bügle Vliesofix mit der rauen Seite auf die linke Seite der Türzuschnitte und ziehe das Trägerpapier ab. Bügle die Tür auf das untere Vorderteil und steppe mit kontrastfarbenem Nähgarn einige zueinander locker versetzte Runden entlang der Außenkanten. Wähle für den Türknauf einen schönen Sonderstich mit der Nähmaschine, zum Beispiel einen kleinen Kreis. Alternativ kann ein kleiner Knopf als Türknauf aufgenäht werden. Soll für die Tür ein Webetikett verwendet werden, steppe es einmal rundherum auf das untere Vorderteil, oder nähe es mit einem Kreuzstich in jeder Ecke per Hand an.
Übertrage für die beiden größeren Häuser mit Hilfe eines Markierstifts, Schneiderkreide oder Kopierpapier die verschiedenen Fensterformen auf die Hauswand und steppe dann, gern mit dickerem Garn, einige locker zueinander versetzte Runden entlang der markierten Außenkanten und Sprossen. Für die kleine Hausgröße sind keine Fenster vorgesehen.
Lege den Zuschnitt für das Dach und die Hauswand rechts auf rechts, steppe die Naht und bügle die Nahtzugabe auseinander. Lege die Zuschnitte für das Vorder- und Rückenteil rechts auf rechts aufeinander, stecke dabei das doppelt gelegte Webband seitlich und die zur Schlaufe gelegte Jutekordel als Aufhängung oben zwischen beide Lagen fest. Nähe Vorder- und Rückteil rundherum, bis auf eine kleine Wendeöffnung, zusammen. Schneide die Nahtzugaben vorsichtig zurück. Wende und bügle das Häuschen. Befülle es mit Füllwatte und schließe die Wendeöffnung von Hand.

Mit den niedlichen Häuschen können einfache Kommoden und Schränke aus Holz zum neuen Leben erweckt werden.

Ein Sommertag

„Schon vor Sonnenaufgang singen die Vögel aus den Hecken, Wiesen und Weiden um die Wette. Die Luft ist noch kühl aber die ersten Sonnenstrahlen kündigen an, dass es ein heißer Tag wird. Strahl um Strahl beginnt die Welt zu summen, zu wachsen und zu leuchten. Der Sommer ruft, es gibt viel zu entdecken und jeder Weg verspricht ein kleines Abenteuer.

Ich schnappe mir Pinsel, Bleistift, Papier und Farben und bin draußen.

Es riecht nach Erde und gemähtem Heu ... und ein kleines bisschen nach den Johannisbeeren im Garten. Der Wegrand begleitet mich und verwandelt sich mit jedem Schritt. Jeden Sommer entdecke ich dort Neues: goldene Motten mit langen Fühlern, Falter mit Zebrastreifen oder unscheinbare Pflanzen, die ich nur aus Buchseiten kenne.

Ich suche nach gefiederten Blättern, diese fehlen noch auf dem Papier. Entlang der Kuhweide stehen Wiesenkerbel, Butterblumen, Glockenblumen … und versteckt dazwischen, Bibernelle! Auf dem Weg zur Schafweide entdecke ich Kamille, wilde Möhre und atme tief ein. Der Geruch der Schafe und Ziegen gehört zum Sommer wie Erdbeereis und Kirschen. Über mir teilen sich die Schwalben den Himmel mit unzähligen Insekten, die angelockt von den Tieren durch die Sommerluft taumeln. Eine Weile lege ich mich ins Gras und sehe ihnen zu. Ein Tanz, der jeden Sommer neu beginnt, Kreise dreht, als würde er nie enden und erst im Spätsommer langsamer wird.

Ich entdecke krabbelnde Käfer, das Licht in einer Blüte und viel Grün. Eine Wiesenschafstelze wippt vor mir über den Weg. Das Zitronengelb auf ihrer Brust leuchtet und wenn sie auffliegt, sieht das ein kleines bisschen aus wie das Flattern eines Schmetterlings.

Das Haferfeld raschelt im Wind und ich stelle mir vor wie verborgen in dem Meer aus Ähren zwei Mäuse die Haferstängel auf und ab flitzen. Eine male ich direkt neben die Haferähren deren Farbe bereits auf dem Papier getrocknet ist. In der Ferne höre ich ein Braunkehlchen singen. Es sitzt oben auf einer schwankenden Distel am Rande der Kuhweide und dann auf den Pflöcken des Zaunes. Es fliegt auf, schnappt nach den Mücken, die über der Weide schwirren und setzt sich dann zu mir auf's Papier.

Zurück im Garten lockt der Beinwell alle Hummeln und Bienen der Umgebung an, ihr Summen begleitet jeden Pinselstrich, während im Schatten der Beinwellblätter eine Katze döst und von den Mäusen im Haferfeld träumt. Eine besonders große Hummel setzt sich oben an den Blattrand und fliegt davon. Ich sehe ihr hinterher, wie sie über den Gartenweg, die Beete mit Kapuzinerkresse und Dahlien und dann über den Zaun in Richtung der Weiden fliegt. Das Abendlicht taucht sie in goldenes Licht und lässt Ähren und Blätter leuchten. Morgen werde ich bei den Enten und Ferkeln vorbeischauen, Pinsel und Papier immer mit dabei."

Sophia Drescher

MIT LIEBE, *Pinsel und Farben*

hat Sophia Drescher die Motive in diesem Buch für die Stoffe, Webbänder, Web-Patches und die Stickereien illustriert. Ihr Gespür für Naturdetails und die liebevolle Interpretation der Tierfiguren wecken die Lust am kreativen Handarbeiten.

Ein Gaumenschmaus für Schleckermäulchen. Die cremigfeine Erdbeertorte ist Sommergenuss pur. Das Rezept zu der süßen Verführung ist auf Seite 39 zu finden.

ERDBEERTRÄUME

im Sommer

Von weitem lockt der süße Duft von genussreifen Erdbeeren an den Gartentisch. Inmitten vom satten Grün des Gartens erwartet hier die Gäste eine reich gedeckte Kaffeetafel mit Erdbeertorte, wohltuend warmen Getränken und romantisch-nostalgischen Tischsets und Servietten.

Feine Servietten mit Erdbeerprint und Spitzensaum runden das Erdbeer-Picknick im heimischen Garten ab.

Tischsets mit Rüschen

Größe 50 x 35 cm

Material für alle 3 Sets

- je 0,50 m Webstoff Karo Rosa, BW-Stoff Emma Rose, BW-Stoff Emma Thymian (A)
- 0,35 m BW-Stoff Erdbeerfeld und Rest Webstoff Karo Rosa aus A (B)
- 0,70 m Gewebeeinlage (C)

Zuschnitt pro Set

Inkl. 1 cm Nahtzugabe. Vor dem Zuschnitt alle Stoffe nach Anleitung waschen, siehe Nählexikon.

A: 2x 42 x 37 cm für Vorder- / Rückseite
B: 2x 55 x 12 cm für Rüsche
C: 40 cm x 35 cm

Diese malerischen Tischsets sind eine Hommage an die rote Sommerfrucht. Motivstoff und Webstoff gehen hier eine harmonische Verbindung ein und verwandeln sich in wenigen Schritten zu einem dekorativen Blickfang für die Kaffeetafel.

Bügle die Gewebeeinlage (C) auf die linke Seite der Vorderseite (A). Falte die Zuschnitte für die Rüschen (B) jeweils längs rechts auf rechts und nähe die kurzen Seiten zu. Schneide die Nahtzugabe in den Ecken zurück, wende und bügle die Rüsche und hole dabei die Ecken mit einer Nadel fein raus. Kräusele die Schnittkante der Rüschen mit großer Stichlänge zweimal im Abstand von 5 mm ein. Stecke den Rüschenstreifen schnittkantengleich auf die kurzen Seiten des Tischsets und verteile die Kräuselung gleichmäßig. Lasse dabei oben und unten je 1 cm Nahtzugabe frei. Lege beide Mittelstücke rechts auf rechts, die Rüsche liegt dabei zur Mitte hin. Steppe beide Zuschnitte, bis auf eine Wendeöffnung, rundherum zusammen. Achte darauf, dass die Rüsche an den langen Kanten nicht in der Naht mitgefasst wird. Wende das Tischset durch die Wendeöffnung und schließe die Öffnung von Hand. Entferne alle sichtbare Kräuselfäden und bügle das Set abschließend.

Zarte Spitzenbögen geben dem Erdbeerhäubchen einen nostalgischen Look.

Marmeladenglas-Häubchen

Größe bis Deckelgröße 12 cm

Material

- 0,25 m BW Stoff Erdbeerfeld (A)
- 1 m Spitze Maia 13 mm (B)
- Gummikordel 1,5 mm

Zuschnitt

Inkl. 1 cm Nahtzugabe. Vor dem Zuschnitt alle Stoffe nach Anleitung waschen, siehe Nählexikon.

A: Deckelumriss plus 5-6 cm
B: Umfanglänge plus 2 cm

Lege den Deckel auf die linke Stoffseite und zeichne den Umriss mit Kreide oder einem Trickmarker nach. Zeichne von dieser Linie ausgehend eine zusätzliche Linie für die Position der Gummikordel mit einem Abstand von 1 cm nach außen und eine weitere mit einem Abstand von 5 cm. Schneide das Häubchen entlang dieser letzten Linie aus.
Versäubere die Schnittkante und bügle sie knapp (0,5 cm) zur linken Seite. Lege die Spitze so unter den Saum des Häubchens, dass die Rundung der Spitze seitlich hervorlugt. Steppe den Saum knappkantig ab und somit die Spitze rundherum fest. Lasse dabei Anfang und Ende etwas überlappen. Nähe auf der zweiten gezeichneten Linie mit einem breiten Zickzackstich rundherum und lasse dabei die Gummikordel mittig mitlaufen. Ziehe die Gummikordel so ein, dass sich das Häubchen schön um den Deckelrand legt, verknote sie fest und schneide die Enden ab.

Spitzen-Servietten

Größe 41 x 41 cm

Material für 6 Servietten

- 1 m BW Stoff Erdbeerfeld (A)
- 11 m Spitze Maia 13 mm

Zuschnitt

Inkl. 1 cm Nahtzugabe. Vor dem Zuschnitt alle Stoffe nach Anleitung waschen, siehe Nählexikon.

A: 6x 44 x 44 cm

Bei diesen romantisch-feinen Stoffservietten trifft Motivstoff mit filigranem Erdbeerprint auf zarten Spitzenbesatz. Schnell genäht tragen die Servietten den herzerwärmenden Zauber vergangener Tage mit sich.

Bügle an jeder der vier Kanten eines Quadratzuschnitts zuerst 1 cm und dann noch einmal 1 cm zur linken Stoffseite und arbeite an den Ecken Briefecken ein *(siehe Nählexikon Seite 6, Briefecken)*. Steppe den Saum knappkantig fest und bügle ihn ein.

Lege die Spitze so unter den Saum der Serviette, dass die Rundungen der Spitze seitlich hervorlugen. Steppe die Serviette von der rechten Seite knapp an der Kante ab und fasse dabei die Spitze auf der linken Seite mit. Lasse dabei zu Beginn die Spitze ein paar cm ungenäht und kürze sie am Ende final, so dass sich Anfang und Ende etwas überlappen. Stecke die Enden übereinander und nähe sie fest.

KUCHENZEIT *im Garten*

Die süß duftenden Früchte kombiniert mit Sahne-Quark-Creme und luftigen Biskuitboden sorgen für absolute Glücksgefühle im Bauch wie auch im Herzen.

Erdbeertorte

für eine kleine Springform 18-20 cm

Zutaten Biskuitteig
- 50 g gemahlene Mandeln
- 50 g Mehl
- 2 Eier
- 50 g Zucker
- 1 TL Backpulver
- 1 Prise Salz

Zutaten Fruchtpüree
- 150 g Erdbeeren
- 75 g Gelierzucker 2:1

Zutaten Füllung
- 250 g Sahnequark
- 200 g Sahne
- 50 g Zucker
- Schale und Saft einer halben Zitrone
- 4 Blatt weiße Gelatine

Zutaten Garnitur
- einige Erdbeeren
- Puderzucker

Diese traumhaft schöne Erdbeertorte besticht nicht nur durch ihr köstliches Aussehen, sie ist auch aufgrund ihrer kleinen Größe ein Hingucker am Tisch und vor allen Dingen schnell und einfach gemacht. So darf es auch gene mal ein Törtchen mehr sein.

Lege eine Springform mit Backpapier aus und fette den Rand ein. Heize den Ofen auf 180° C vor. Vermische Mandeln, Mehl und Backpulver. Schlage die Eier mit dem Zucker und Salz ca. 10 Minuten zu einer cremigen Masse und hebe dann die Mehlmischung vorsichtig unter. Fülle den Teig in die Form und backe ihn für ca. 20 Minuten. Nimm den Boden heraus und lasse ihn vollständig auskühlen.
Wasche und halbiere die Erdbeeren für das Fruchtpüree, gebe sie zusammen mit dem Gelierzucker in einen Topf und koche sie unter rühren für ca. 5 Minuten. Lasse das Püree abkühlen.
Halbiere den Biskuitboden einmal waagerecht und umspanne den unteren Boden mit einem Tortenring. Weiche die Gelatine in kaltem Wasser ein. Verrühre den Quark mit dem Zucker und der Zitronenschale und -saft. Drücke die Gelatine aus und erwärme sie in einem Topf. Rühre zunächst drei Löffel der Quarkmischung unter und hebe die Gelatinemischung dann komplett unter die Quarkmasse und stelle sie kalt.
Schlage die Sahne steif und hebe sie unter die Quarkmischung. Streiche diese Masse auf den Boden, verteile darauf löffelweise das Erdbeerpüree und ziehe es für eine Marmorierung mit einer Gabel leicht unter. Setze die zweite Biskuitbodenhälfte oben auf und stelle die Torte für mindestens vier Stunden kalt. Entferne den Tortenring und verziere die Torte abschließend mit einigen Erdbeeren und bestreue sie mit Puderzucker.

Diese fröhlichen Herzen aus Stoff kommen ganz ohne Nähmaschine zurecht. Elegante, eingebügelte Falten geben ihnen ihren besonderen Charme.

Faltherzen aus Stoff

Größen ca. 7 x 7 cm / 10 x 12 cm / 15 x 20 cm (nicht im Bild) / 18 x 25 cm
Schablone 5 auf Bogenseite 1

Material

- 0,20 / 0,25 / 0,35 / 0,45 m BW-Stoff Erdbeerfeld (A)
- 0,20 / 0,25 / 0,35 / 0,45 m BW-Stoff Emma Rose oder Himbeere oder Thymian (B), wahlweise für die Rückseite *(im Bild nicht zu sehen)*
- 0,15 / 0,20 / 0,30 / 0,40 m Vliesofix (C)
- etwas dünne Jutekordel

Zuschnitt

Schablonen zzgl. Nahtzugabe zuschneiden. Ein Vorwaschen des Stoffes ist in diesem Fall nicht nötig.

A: Schablone 5 für Vorderseite
A oder B: Schablone 5 für Rückseite
C: Schablone 5
(Schablonengröße nach Wahl)

Alle Größen werden gleich gearbeitet: Bügle das Vliesofix mit der rauen Seite auf die linke Seite des Stoffes für die Vorderseite (A). Bügle jede Stelle ca. 5-10 Sekunden lang, lass es ein wenig abkühlen und ziehe das Trägerpapier ab. Lege die Rückseite (A oder B) mit der linken Stoffseite auf das Vliesofix und bügle sie schrittweise 10 Sekunden lang auf, um so die beiden Stofflagen miteinander zu verbinden.
Bügle nun nach und nach die Falten mit einer Faltentiefe von ca. 2 cm ein, wie bei einem Akkordeon. Beginne oben am Kreis und schlage die erste Falte von der Vorderseite auf die Rückseite.
Nach dem festen Einbügeln jeder Falte wird der Kreis umgedreht und von der anderen Seite gefaltet und fest (scharfkantig) eingebügelt, bis der gesamte Kreis gefaltet ist. Zeigt die letzte Falte nicht wie die erste zur Rückseite, oder liegt die obere Herzspitze zu weit nach unten, klappe die letzte Falte zur Rückseite um und schneide den überschüssigen Stoff im Faltenbruch ab.
Knote die Jutekordel nun mittig stramm um die Faltung. Nehme den Kreis in dieser Mitte zusammen, so dass eine Herzform entsteht. Achte darauf, dass die beiden oberen Faltenrundungen gleich lang sind. Umwickele die untere entstandene Herzspitze 3-4 mal sehr fest mit der Kordel. Fädle das Kordelende durch eine dicke Nadel und ziehe es unter der Wickelung durch bis eine Schlaufe entsteht. Nun ziehe die Nadel durch die Schlaufe und damit die Kordel fest. Lege die Kordel nach oben und nähe sie mit ein paar Stichen in der Herzmitte fest, dabei werden auch die beiden Herzhälften zusammengenäht. Teste zuvor ob das Herz schön hängt, sonst ändere die obere Kordelposition etwas.

Blätterteig-Herzen

Zutaten
- 1 Rolle Blätterteig
- ca. 120 g Erdbeermarmelade

Ein liebevoller Gedanke zeigt sich auch auf einer Kaffeetafel. Hier in Form von fruchtigen Blätterteig-Herzen, die nicht nur wunderschön aussehen und gut schmecken, sondern auch blitzschnell zubereitet sind.

Nimm den Blätterteig ca. 10 Minuten vor der Verarbeitung aus dem Kühlschrank und heize den Backofen auf 190° C vor. Rolle den Teig aus und schneide ca. 10 Quadrate. Bestreiche die Quadrate dünn mit der Erdbeermarmelade. Rolle die Quadrate ein und klappe sie zusammen. Schneide die kleine Rolle mit einem scharfen Messer bis auf ca. 1 cm ein, klappe sie auseinander und forme so die Herzen (siehe Foto). Verteile die Teilchen mit etwas Abstand zueinander auf ein mit Backpapier belegtes Blech und backe sie ca. 15 – 20 Minuten goldbraun.

Die Anzuchttöpfchen sind üppig gefüllt und die Jungpflanzen bereit zum Umsetzen ins Gartenbeet.

GARTENZEIT

mein kleines Glück

Dem Schaffensprozess der Natur beiwohnen zu dürfen, in dem man Keimlinge geduldig zieht, sie behutsam umpflanzt, um am Ende die Früchte seiner Arbeit ernten zu dürfen: Das ist das große Glück einer Gärtnerseele.

Gartenkissen mit Flechtgriff

Größe 25 x 35 cm

Material

- 0,35 m BW-Stoff Gartenallerei (A)
- 0,35 m Leinen Stonewashed khaki (B)
- 2,20 m Jutekordel, mittel (C)
- Web-Patch Pflanzzeit
- Reißverschluss, 30 cm Länge
- Schaumstoff 25 cm x 35 cm, 4 cm dick
- kleiner Rest Vliesofix
- etwas Klebeband

Zuschnitt

Inkl. 1 cm Nahtzugabe. Vor dem Zuschnitt alle Stoffe nach Anleitung waschen, siehe Nählexikon.

A: 41 x 31 cm für die Vorderseite
B: 41 x 31 cm für die Rückseite,
7 x 6 cm mit Zackenschere für Patchhintergrund
C: 6 Stück à 35 cm für Flechtgriff

Das Gartenkissen wandert bei der Gartenarbeit mit und liegt immer griffbereit ganz oben im Körbchen. So kann man jederzeit ein kleines Päuschen an Ort und Stelle einlegen. Möchte man es als Kniekissen verwenden, so kann man anstatt des Leinens ein Wachstuch als Unterseite verarbeiten.

Fertige zunächst den Flechtgriff: Lege die 6 Kordeln knapp nebeneinander und fixiere den Anfang mit Klebeband. Lege drei Stränge aus jeweils zwei Kordeln und flechte den Griff. Fixiere auch das Ende mit Klebeband.
Nähe für das Kissen den Reißverschluss zwischen den beiden langen Unterkanten der Vorder- und Rückseite ein und öffne ihn etwas zum späteren Wenden *(siehe Nählexikon Seite 123, Reißverschluss in Kissen)*. Nähe den Flechtgriff 8 cm von der oberen und unteren Kante mit den offenen Enden zur Schnittkante einer Seitennaht fest. Lege Vorder- und Rückenteil rechts auf rechts und nähe die verbliebenen drei Seiten zu. Dabei wird der Griff zwischen gefasst. Lege an allen vier Ecken die Seiten- und obere bzw. untere Naht aufeinander und zeichne mit Hilfe eines Geodreiecks eine Linie in einem Abstand von 2 cm von der Spitze *(siehe Zeichnung)*. Nähe die eingezeichnete Linie und vernähe Anfang und Ende sorgfältig. Schneide die Nahtzugabe zurück und wende das Kissen. Nähe das Webetikett mittig auf den gezackten Etikettenhintergrund aus Leinen. Bügle das Vliesofix mit der rauen Seite auf die linke Seite des LeinenzuschnittSeite Ziehe das Trägerpapier ab und bügle es zusammen mit dem Webetikett rechts unten auf das Gartenkissen mit jeweils ca. 5 cm Abstand zu den Nähten. Lege hierfür ein Tuch zwischen Bügeleisen und Stoff und bügle auf kleiner Stufe. Ziehe das Kissen auf den Schaumstoffzuschnitt.

Dank geflochtenem Griff aus Jutekordel ist das Gartenkissen ein toller und praktischer Begleiter bei der heimischen Gartenarbeit.

KLEINE
Pausenzeit

Kreuzstichmotiv Hofhund
Stickereigröße 10 x 10 cm / 62 x 57 Kreuze
Stickmuster Seite 123

Gartenschürze & Stickerei Hofhund

Einheitsgröße S bis L
Schablone Nr. 6 auf Bogenseite 1

Material

- 1,40 m BW Stoff Gartenallerei (A)
- 1,40 m Leinen Stonewashed khaki (B)
- Web-Patch Home

Zuschnitt

Schnittmuster zzgl. Nahtzugabe zuschneiden. Vor dem Zuschnitt alle Stoffe nach Anleitung waschen, siehe Nählexikon.

A: Schablone 6.1 für Vorderteil
Schablone 6.2 für Rückenteil
A1: Schablone 6.3 für Taschenfutter
B: Schablone 6.1 für Vorderteil,
Schablone 6.2 Rückenteil
B1: Schablone 6.3 für Tasche

Übertrage nach dem Zuschnitt die Taschenposition und spätere Stepplinien mit Hilfe eines Markierstiftes oder Kopierpapier auf das Vorderteil. Stecke das Vorderteil (A) und die beiden Rückenteile (A) an den Seitenkanten rechts auf rechts und nähe die Seitennähte zusammen. Wiederhole dies beim Futter (B). Stecke das Futter rechts auf rechts auf das Schürzenteil aus dem Oberstoff. Achte darauf, dass die Seitennähte genau aufeinandertreffen. Nähe die beiden Schürzenteile rundherum zusammen. Beginne und ende dabei jeweils 3 cm unterhalb der Schulternähte an den Hals- und Armausschnittkanten. Lass an der unteren geraden Saumkante eine Wendeöffnung frei. Schneide die Nahtzugaben an den Rundungen bis kurz vor die Naht ein. Wende die Schürze durch die Wendeöffnung und bügle sie sorgfältig. Lege die rückwärtigen Schürzenträger über Kreuz und stecke die beiden Träger an den Schulterkanten aus dem Oberstoff rechts auf rechts zusammen. Nähe die Schulternähte, das Futter bleibt lose. Bügle die Nahtzugaben auseinander. Greife durch die Wendeöffnung und ziehe von einer Schulter die Kanten nach außen. Nähe jetzt die Schulternaht am Futter und bügle die Nahtzugabe. Schiebe dazu einen Holzkochlöffelstiel unter die Nahtzugabe. Ziehe das Vorderteil an der Schulter noch ein Stück weiter heraus und steppe die restlichen noch offenen Hals- und Armausschnittkanten. Schiebe die Schulter zurück. Verfahre mit der zweiten Schulternaht genauso. Bügle den Hals- und Armausschnitt. Schließe die Wendeöffnung von Hand. Lege die beiden Taschenzuschnitte rechts auf rechts und nähe sie rundherum zusammen, lasse dabei eine Wendeöffnung an der seitlichen geraden Kante. Schneide die Nahtzugaben mit der Zackenschere zurück, wende die Tasche durch die Öffnung und bügle die Tasche. Übertrage vom Papierschnitt die späteren Stepplinien auf die Tasche.

Stecke die Tasche auf das Vorderteil. Dabei treffen die markierten Stepplinien der Tasche auf die markierten Stepplinien der Schürze. Der Stoff des Taschenbeutels hat mehr Weite als die Schürze. Nähe zunächst die zwei mittleren Längsabtrennungen der Tasche. Lege dann die Seitenkante der Tasche auf die Seitennahtmarkierung der Schürze. Falte sodann die überschüssige Weite an der unteren Kante jeweils zu den mittleren Steppnähten hin in eine kleine Quetschfalte und fixiere sie. Steppe dann die Seitennähte und die untere Kante knappkantig fest. Nähe das Webetikett von Hand mit einem Kreuzstich in jeder Ecke fest.

Ein hübsch platziertes Web-Patch setzt einen liebevollen Akzent auf die farbenfröhliche Gartenschürze.

„Hugo" heißt der alte Hofhund, der Silke Schneider-Windt auf Schritt und Tritt begleitet.

Über selbstgemachte Samenbomben freut sich nicht nur die heimische Insektenwelt. Denn bunte Wiesenblumen- und -kräuter sind nützlich und ein herrlicher Anblick im Garten zugleich.

GARTEN *Gehilfen*

Schatzkästchen der Gärtnerin: Hier finden kleine Samentütchen ihren Platz.

Samenschachteln

Größe je nach Schachtel

Material

- *BW-Stoff Gartenallerei für Deckel (A)
- *Leinen Stonewashed khaki für Schachtel (B)
- Web-Patch Pflanzzeit
- kleiner Rest Vliesofix
- Buchbinderleim
- Schachtel mit Deckel oder Kaminzündholzschachtel zum Bekleben
- Etikettenrahmen aus Metall mit Schrauben

**Stoffmengenberechnung für Schachtel/Deckel: Grundfläche + 2x Höhe + 2 cm Nahtzugabe*
Stoffmengenberechnung für Zündholzschachtel: Umfang + 2 cm Nahtzugabe

Zuschnitt Schachtel mit Deckel

A: Lege den Deckel auf den Stoff und zeichne rundherum. Messe die Deckelhöhe und zeichne auf dem Stoff die Höhenzentimeter + 1 cm rund um die Deckelfläche. Schneide nun die Ecken laut Zeichnung aus.
B1: Verfahre wie bei A mit der Schachtel.

Zuschnitt Zündholzschachtel

A: Länge + 2 cm Nahtzugabe x Umfang + 2 cm Nahtzugabe
B2: 7 x 6 cm für Patchhintergrund mit Zackenschere

Füllt man diese feinen Schachteln mit kleinen Samenbomben, hat man ein schönes Geschenk für liebe Gartenfreunde. Die Samenbomben können dann einfach am Wunschort ausgelegt oder geworfen werden und sorgen dann nach einiger Zeit für eine kunterbunte Blumenpracht.

Für Schachtel mit Deckel:
Bepinsele das Unterteil mit dem Buchbinderleim und lege den Zuschnitt glatt darüber. Achte darauf, dass das Unterteil genau mittig liegt, damit später auch für die Seitenhöhe genügend Stoff zur Verfügung steht. Lege an den Seiten die Nahtzugabe um die Ecken herum und schlage die andere um und klebe sie auf die untere Nahtzugabe. Klebe die Nahtzugabe an der oberen Kante der Schachtel nach innen. Fertige den Deckel in der selben Art und Weise mit dem BW-Stoff. Schraube die Etikettenrahmen mit einem kleinen Schraubenzieher an der gewünschten Position fest.

Für Zündholzschachtel:
Bügle die Nahtzugaben beider langen Kanten zur linken Seite. Bepinsele die Schachtel mit dem Buchbinderleim und setze sie an den Anfang des Zuschnittes. Lege den Stoff rundherum um die Schachtel, klappe die Nahtzugabe am Ende ein und klebe sie fest. Nähe das Webetikett mittig auf den gezackten Etikettenhintergrund aus Leinen. Bügle das Vliesofix mit der rauen Seite auf die linke Seite des Leinenzuschnitts, ziehe das Trägerpapier ab und bügle es zusammen mit dem Webetikett mittig auf die Samenschachtel. Lege hierfür ein Tuch zwischen Bügeleisen und Stoff und bügle auf kleiner Stufe.

*Die Natur steht voller Wunder.
Ganz mühelos lässt sie die prachtvollsten
Farben und Muster sowie eindrucksvolle
Blütenkleider entstehen.*

FLORALER GRUSS
aus dem Garten

Ein Staudengarten gleicht einer Schatzkammer. Gut angelegt kann man über das gesamte Gartenjahr hinweg farbenfrohe Blumen und Gräser ernten und diese ganz nach Lust und Anlass zu feinen Sträußen zusammenbinden.

ich wünsche dir
EINEN ORT

ich wünsche dir
einen Ort
an dem du
dich wohl fühlst

ein Zuhause
ein Heim
das dir Ruhe
und Schutz bietet

eine vertraute Umgebung
in der du
ohne Rollen und Masken
du selbst sein kannst

ich wünsche dir
dass dieser Ort
ein Raum der Freiheit ist
des Wachstums und der Entfaltung

und ich wünsche dir
dass da Menschen sind
die dich lieben
und dir Halt geben

die nicht fragen
was du leistest oder hast
sondern einfach froh sind
dass du da bist

ja
diesen Ort
und diese Menschen
wünsche ich dir

Arndt H. Menze

Mein WOHLFÜHLORT

Üppige, gewollt wild wachsende Staudengärten mit heimischen Pflanzen sind ein wahres Paradies für die Tier- und Insektenwelt. Hier finden Bienen, Hummeln und Schmetterlinge das ganze Gartenjahr hindurch genügend Nahrung. Und auch wir können uns zum Beispiel mit Holunder, Himbeere und Minze einen Naschgarten anlegen, dessen Ernte uns als Marmelade oder Tee bis in Winter hinein erhalten bleibt.

BLÜTEN *Kompositionen*

Damit uns die Blütenpracht aus dem Sommer noch lange erfreut, verewigen wir sie in zarte Ornamente aus Kaltporzellan.

Blumenornamente

Material

- 2 Tassen Natron
- 1 Tasse Speisestärke
- 1 Tasse Wasser
- Topf und Kochlöffel
- Nudelholz zum Ausrollen
- Ausstechformen oder Gläser
- Pflanzen euer Wahl *(hier sind es Getreidesorten, wilde Möhre, Fenchel und Salbeiblätter)*
- feines Schleifpapier
- Strohhalm oder Zahnstocher
- Wasserfarben und Pinsel

Die wunderschöne Formgebung von Sommerblüten, Gräsern und Kräutern kann uns mit wenig Aufwand als feine Blumenornamente lange Zeit begleiten. Kaltporzellan, auch bekannt als Fake-Porzellan, ist eine feine Alternative zu Salzteig. Die Modelliermasse bleibt auch nach dem Trocknen weiß und hat eine schöne glatte Struktur. Sie bietet damit eine wunderbare Grundlage für den Pflanzendruck.

Vermische Natron, Speisestärke und Wasser gründlich in einem Topf. Lass das Gemisch unter ständigem Rühren aufkochen, bis die Masse eine festere Konsistenz bekommt. Nimm den Topf vom Herd und lasse die Masse auskühlen, bis sie handwarm ist und sich bequem bearbeiten lässt.

Rolle die Masse auf einer glatten Fläche ca. 4-6 mm dick aus. Lege eine Pflanze auf den Teig und rolle leicht mit dem Nudelholz darüber, um einen Abdruck zu erhalten. Steche die gewünschte Form aus und bohre mit einem Strohhalm oder ähnlichem Gegenstand ein Loch für die Aufhängung hinein.

Lasse die Anhänger anschließend komplett austrocknen. Die Trockenzeit beträgt je nach Dicke zwei bis drei Tage. Wer möchte, kann die Abdrucke abschließend mit etwas Wasserfarbe und einem Pinsel einfärben.

Nach regnerischen Tagen sind die kleinen Ferkel quietschvergnügt und freuen sich auf ein Bad im kühlen Schlamm.

Schweine-Mama „Bella“ versorgt ihre Ferkelbande liebevoll und zeigt ihnen die Wiesen und Weiden des Hofes.

GROSSES GLÜCK

auf vier Beinen

Das Bunte Bentheimer Schwein ist eine vom Aussterben bedrohte Haustierrasse. Die friedfertigen Vierbeiner mit Schlappohren und den typischen unregelmäßigen schwarzen Flecken sind genügsam und robust und verfügen über gute Muttereigenschaften. Sie sind allerdings für die Massentierhaltung nicht geeignet und wurden daher, wie fast alle alten Landschweinrassen, leider immer mehr verdrängt.
Silke Schneider-Windt hat sich vor ein paar Jahren zusammen mit ihrem Mann bewusst für die sogenannten „Swatbunten" entschieden und seither erfreuen sie die Familie mit ihrem lustigen und liebenswerten Wesen.
Weitere Informationen zu den sanftmütigen Tieren erhält man beim Verein zur Erhaltung des Bunten Bentheimer Schweines e.V. (www.bunte-bentheimer-schweine.de)

Allerliebst und herzig sind auch die Kleinsten mit vier Beinen und Fell anzuschauen. Egal ob Esel, Ferkel oder Kälbchen, sie erobern unsere Herzen und wir erfreuen uns an ihnen.

Die süße Baby-Latzhose begeistert durch ihr zuckersüßes Design. Die im Rücken gekreuzten Träger werden mit Holzknöpfen befestigt. Zudem lassen sich die Träger mit feiner Rüsche versehen.

Baby-Latzhose

Größen 62/68, 74/80, 86/92, 110/116
Schnittmuster 7 auf Bogenseite 2

Material

- 0,40/0,45/0,45/0,60 m Webstoff Karo Rosa oder BW-Stoff Stallgeschichten (A)
- 0,35/0,40/0,40/0,50 m BW-Stoff Emma Rosa oder BW-Stoff Emma Kiesel (B)
- 0,10 m dünne Vlieseline (C)
- 0,60 m Gummiband, 5 mm
- 0,30 m Gummiband, 30 mm
- 3 Druckknöpfe
- 2 Knöpfe

Zuschnitt

Schnittmuster zzgl. NZ zuschneiden. Vor dem Zuschnitt alle Stoffe nach Anleitung waschen, siehe Nählexikon.

A: Schnittmuster 7.1 im Bruch für Vorderteil, Schnittmuster 7.2 im Bruch rückwärtiges Hosenteil, Schnittmuster 7.5 für Verschluss / Untertritt
A1: 2x Schnittmuster 7.4 für Träger, 2x Schnittmuster 7.3 für Rüschen
B: Schnittmuster 7.1 im Stoffbruch für Beleg
C: 2x Schnittmuster 7.4 für Träger

Bügle die Vlieseline auf die Träger. Lege die Rüsche in sich der Länge nach rechts auf rechts und kräusele sie ein. Nähe die Rüsche bis zur Markierung auf die Träger und lasse dabei 1 cm Nahtzugabe an der kurzen Seite frei. Lege die Träger in sich rechts auf rechts, verstürze und wende sie. Bei Strukturstoff und mit Rüsche wird beim Wenden etwas Geduld erfordert. Bügle die Träger.

Versäubere am rückwärtigen Hosenteil die obere Kante und bügle die Umbruchlinie laut Schnitt um. Steppe durch die Nahtlinie. Ziehe das breitere Gummiband auf eine fertige Weite von 20-25 cm ein und nähe es rechts und links gut fest. Ziehe das Gummi stramm und steppe noch einmal über die ganze Weite durch die Mitte. Damit wird ein späteres verdrehen des Gummis verhindert. Stecke das rückwärtige Hosenteil und die Träger, schnittkantengleich, rechts auf rechts auf das Vorderteil. Die Träger 1 cm von der seitlichen Schnittkante (Nahtzugabe). Stecke das Futter rechts auf rechts auf das Vorderteil, schließe die Seiten und die obere Kante. Dabei werden Träger und rückwärtiges Hosenteil zwischengefasst. Wende und bügle die Arbeit.

Versäubere die Beinausschnitte, dabei wird das Futter und das Vorderteil zusammengefasst. Bügle die Nahtzugabe zur linken Seite und steppe sie knappkantig ab. Ziehe jeweils das schmale Gummi auf 20-25 cm fertige Weite ein und nähe es an den Enden gut fest. Hierzu kann auch die Weite am Bein des Kindes gemessen werden. Bügle am Untertritt die Nahtzugaben an den Längskanten zur linken Seite. Falte ihn längs rechts auf rechts und steppe die kurzen Seiten zu. Steppe den Verschluss knappkantig an das rückwärtige Hosenteil indem dessen Nahtzugabe zwischengefasst wird.

Arbeite die Druckknöpfe 2 cm von der Kante am angeschnittenen Besatz des Vorderteils ein, sodass die Oberseite der Drücker auf der Innenseite des Besatzes liegen. Bügle den Besatz nach innen und steppe ihn knappkantig ab. Arbeite die Drückergegenteile entsprechend in den rückwärtigen Untertritt. Arbeite Knopflöcher in die Träger ein. Die Mitte des ersten Knopfloches ist ca. 4 cm von der unteren Kante entfernt. Auch hier kann die Knopfposition ans Kind angepasst werden oder man arbeitet sogar 2 Knopflöcher in jeden Träger. Nähe die Knöpfe 6 cm von der Seitennaht auf der Gummimitte an.

Trostkissen

Größe 25 x 22 cm
Schablone 8 auf Bogenseite 1

Material

- 0,25 m Leinen puderrosa meliert (A)
- 0,10 m Webband Schweinchen
- 0,10 m dickes Volumenvlies z. Aufbügeln
- Dunkles Stickgarn
- Dinkelkörner zum Füllen

Zuschnitt

Schnittmuster zzgl. Nahtzugabe zuschneiden. Vor dem Zuschnitt alle Stoffe nach Anleitung waschen, siehe Nählexikon.

A: 2x Schablone Nr. 8.1 für Körper
A1: 2x Schablone Nr. 8.2 für Nase,
4x Schablone Nr. 8.3 für Ohren
A2: 4x Schablone Nr. 8.5 für Pfoten,
4x Schablone Nr. 8.4 für Arme
A3: 15 x 3 cm für Schwänzchen

Bügle das Volumenvlies auf die linke Stoffseite der Nasen- und Ohrenzuschnitte (A1). Lege die Nasenzuschnitte rechts auf rechts und nähe sie, bis auf eine kleine Wendeöffnung, entlang der Kante rundherum zusammen. Wende die Nase, schließe die Wendeöffnung von Hand und bügle die Nase vorsichtig. Markiere die Nasen- und Augenposition auf einem Körperzuschnitt (A) mit Hilfe eines Markierstifts. Nähe die Nase, von Hand mit dem Stickgarn, dort wo die Nasenlöcher sitzen sollen auf den Körperzuschnitt. Sticke nun die Augen auf den Körperzuschnitt. Lege je zwei Zuschnitte für die Ohren rechts auf rechts und nähe sie, bis auf die untere Kante, zusammen. Schneide die Nahtzugaben, mit einer Zackenschere vorsichtig zurück und wende die Ohren. Schlage jeweils eine kleine Ecke zur Mitte hin und fixiere den Knick mit einer Nadel (siehe dazu nebenstehendes Foto). Nähe die Arme und Pfoten genauso und fülle sie mit Füllwatte.
Bügle die Längsseiten beim Zuschnitt für das Schwänzchen (A3) zur Mitte hin, falte die Bruchkanten aufeinander und steppe die Kante knappkantig ab. Verknote ein Ende. Stecke die Ohren, die Arme, die Pfoten und das Schwänzchen rechts auf rechts, mit den offenen Kanten, kantenbündig an die jeweiligen Markierungen auf der Vorderseite. Lege das Webband zu einer kleinen Schlaufe und stecke es auf die rechte Seitenkante des Vorderteils, 4 cm oberhalb der unteren Kante. Die Schlaufe liegt zur Mitte. Lege den Zuschnitt für die Rückseite rechts auf rechts auf die Vorderseite und stecke ihn fest. Nähe Vorder- und Rückenteil, bis auf eine Wendeöffnung, zusammen und fasse dabei alle Körperteile mit. Wende das Schweinchen und bügle es. Fülle es mithilfe eines breiten Trichters mit den Dinkelkörnern und schließe die Wendeöffnung sorgfältig von Hand.

GLÜCKS *Schweinchen*

Das Schweinchen-Trostkissen begeistert mit seinem fröhlichen Design und helfenden Eigenschaften. Gekühlt aus dem Gefrierfach oder erwärmt spendet es Trost bei kleinen Prellungen oder Bauchweh.

Das niedliche Webband mit Schweinchen-Motiv harmoniert wunderbar mit dem grob karierten Webstoff.

BEWAHRT

und gut verstaut

Rustikaler Stoffbeutel

Größe 30 x 20 cm

Material

- 0,45 m Webstoff Karo Rosa (A)
- 0,35 m Leinen puderrosa meliert (B)
- 0,45 m Webband Schweinchen
- 1,20 m Baumwoll-Kordel (C)

Zuschnitt

Inkl. 1 cm Nahtzugabe. Vor dem Zuschnitt alle Stoffe nach Anleitung waschen, siehe Nählexikon.

A: 2x 22 x 30 cm für Außenbeutel
B: 2x 22 x 30 cm für Futterbeutel,
2x 12 x 21 cm für Tunnel
C: 2x 60 cm für Kordel

In diesem rustikalen Stoffbeutel findet nicht nur das drollige Trostkissen Platz. Liebevoll genäht, bietet es auch Raum für allerhand Nützliches. Zudem eignet er sich auch ganz wunderbar als nachhaltige Geschenkverpackung.

Lege die beiden Zuschnitte für den Außenbeutel (A) rechts auf rechts aufeinander und schließe eine Seitennaht. Achte darauf, dass das Karo aufeinandertrifft. Bügle die Nahtzugabe auseinander. Nähe das Webband 12 cm von der unteren Kante auf den Außenbeutel. Lege den Außenbeutel wieder rechts auf rechts und schließe die zweite Seitennaht und die untere Kante. Lege an den Ecken die Seiten- und Bodennaht genau aufeinander und zeichne mit Hilfe eines Geodreiecks eine Linie in einem Abstand von 1,5 cm von der Spitze. Nähe die Ecke auf der eingezeichneten Linie ab, vernähe Anfang und Ende sorgfältig. Schneide die Ecke zurück. Lege die Zuschnitte für den Futterbeutel (B) rechts auf rechts und steppe sie bis auf die obere Kante zusammen. Lasse dabei unten eine Wendeöffnung. Nähe die Ecken wie beim Außenbeutel ab.

Lege die langen Seiten, je eines Tunnelzuschnitts (B), rechts auf rechts aufeinander und nähe von der Bruchkante aus die kurzen Seiten 2,5 cm zu. Die verbleibenden 3,5 cm bis zur Schnittkante werden nicht genäht. Wende den Tunnel und arbeite die Ecken mit Hilfe einer Nadel heraus. Bügle nun den Bruch oben ein, die genähte Naht und die fortlaufende Nahtzugabe nach innen. Steppe den Tunnel 2,5 cm von der Bruchkante ab und verriegele sorgfältig Anfang und Ende. Stecke beide Tunnelstreifen kantenbündig, mittig und rechts auf rechts an die Oberkante des Außenbeutels. An den Seitenkanten bleibt ein Stückchen frei. Lege den Außenbeutel rechts auf rechts in den Futterbeutel und stecke ihn fest. Nähe an der Oberkante die beiden Beutel zusammen. Achte darauf, dass die Seitennähte aufeinandertreffen. Wende den Beutel durch die Wendeöffnung. Schließe die Wendeöffnung knappkantig mit der Maschine und schiebe den Futterbeutel nach unten. Bügle die obere Kante sorgfältig und steppe sie abschließend knappkantig ab. Ziehe mit einer Sicherheitsnadel, von jeder Seitenöffnung aus, eine Kordel rundherum durch beide Tunnel und verknote sie an den Enden.

Das niedliche Ferkelchen lächelt so goldig, da musste es einfach Pate für eine schöne Kreuzstickerei stehen. Diese begeistert durch ihre feinen Farbabstufungen in Rosa und Grau.

Ein passendes Webband rundet das Nähprojekt wunderbar ab und unterstreicht nochmal das Thema der Stickerei.

Zirbenkissen mit Schweinchen

Größe 30 x 20 cm
Stickereigröße 6 x 7,5 cm / 37 x 46 Kreuze
Stickmuster Seite 119

Material

- 0,25 m Zählleinen, weiß (A)
- 0,25 m Leinen puderrosa meliert (B)
- 0,25 m Vlieseline (C)
- 0,25 m Webband Schweinchen
- 0,25 m dünner BW-Stoff (z.B. Batist) für die Kissenfüllung (D)
- Bio-Zirbenholzspäne

Zuschnitt

Inkl. 1 cm Nahtzugabe. Vor dem Zuschnitt alle Stoffe nach Anleitung waschen, siehe Nählexikon.

A: 14 x 22 cm für Vorderseite
B: 20 x 22 cm für Vorderseite
B1: 2x 22 x 22 cm für Rückseite
C: 32 x 22 cm
D: 2x 32 x 22 cm für Hülle der Kissenfüllung

Gefüllt mit Bio-Zirbenholzspänen verströmt das feine Kissen auf ganz natürliche Weise seine ätherische Heilwirkung. Das darin enthaltene Zirbenöl hat eine positive Wirkung auf das allgemeine körperliche und seelische Wohlbefinden und kann den Schlaf deutlich und nachhaltig verbessern.

Sticke das Motiv mittig im Kreuzstich auf den Zuschnitt für die Kissenvorderseite (A). Nähe das Webband auf den Leinenzuschnitt 3,5 cm oberhalb der unteren Kante beidseitig fest. Nähe beide Vorderteilzuschnitte (A + B) rechts auf rechts zusammen, versäubere die Naht und bügle sie in Richtung Stickerei. Steppe die Naht mit einem größeren Stich (3,5) knappkantig ab.
Bügle die Vlieseline (C) auf die linke Stoffseite des Vorderteils und versäubere die untere Kante. Schlage an je einer Längskante der Rückenteilzuschnitte (B1) die Nahtzugabe doppelt ein und steppe die Naht knappkantig ab. Stecke nun die vorbereiteten Rückseiten kantenbündig rechts auf rechts auf das Vorderteil, dabei ergibt sich ein Über- und Untertritt für den Hotelverschluss. Steppe an den Außenkanten einmal rundherum alles zusammen.
Versäubere die Nähte und wende das Kissen. Lege die Zuschnitte für die Hülle (D) rechts auf rechts und nähe sie, bis auf eine Wendeöffnung, rundherum zusammen. Wende die Hülle und fülle sie mit den Zirbenholzspänen und schließe die Öffnung von Hand. Ziehe das Kissen auf die Hülle.

BLÜTENPRACHT
im Reigen gebunden

Den Kranz kann man auch wunderbar für länger konservieren, indem man ihn an einem trockenen und windgeschützten Platz eintrocknen lässt.

PRÄCHTIGER HORTENSIENKRANZ

Dieser üppig gebundene Blütenkranz verschafft der Hortensie einen ganz besonderen Auftritt. Abwechselnd angeordnet mit weiteren Sommerblühern wie Fette Henne oder kräftig leuchtenden Hagebutten bildet das Gesamtbild einen eindrucksvollen Hingucker für die Haustür oder das Gartentor.

Den Untergrund bietet ein Drahtkranz in stattlicher Größe. Für die Haustüre sollte er nicht kleiner als 25 cm sein, damit die Hortensiendolden den Kranz nicht bis zur Mitte hin ausfüllen. Für diesen wunderschönen Spätsommerkranz bieten sich Hortensienblüten, Hagebutten, Fette Henne, Erlenzapfen, Efeubeeren und viele weitere Sommerblüher als Materialien an. Als Tipp: Ein Spaziergang durch Feld und Flur zeigt die schönsten floralen Schätze auf. Bevor es losgeht, werden die einzelnen Blüten und Pflanzen auf eine Länge von ca. 15-18 cm zugeschnitten. Die Blätter der Hortensie und der Hagebutten werden entfernt.

Nun geht es ans Binden. Im Wechsel werden die Stiele dicht an dicht mittels Floristendraht (auf Rolle, Ø 0,3 mm) auf den Drahtrohling gebunden. Dabei arbeitet man sich Schritt für Schritt vor. Achtet auf ein abwechselndes und interessantes Bild der Blüten und Beeren. Mit etwas Geduld wird auch der letzte etwas knifflige Moment, wenn sich Beginn und Ende treffen, gelingen. Dieser wunderschöne Kranz kann jetzt ganz in Ruhe eintrocknen und gewinnt damit noch mehr an Charme. Und vor allem bleibt er dadurch als schöne Erinnerung an sommerliche Tage erhalten.

Gürteltasche mit Rüschen

Größe 35 x 15 cm
Schablone 9 auf Bogenseite 1

Material

(Angaben in Klammern für blaues Modell S.16)

- 0,30 m Webstoff Karo Rosa (Webstoff Fischgrät Blau) (A)
- 0,25 m BW-Stoff Emma Rose (Feine Flora) (B)
- (1,40 m Webstoff Streifen Blau) (C)
- 0,25 m Vlieseline H 250 (D)
- 0,35 m Reißverschluss
- 1,20 Gurtband 3 cm breit
- D-Ring, Schiebeschnalle & Karabinerhaken
- (Web-Patch Homemade)

Zuschnitt

Angaben inkl. 1 cm Nahtzugabe, Schnittmuster zzgl. NZ zuschneiden. Vor dem Zuschnitt alle Stoffe nach Anleitung waschen, siehe Nählexikon.

A: Schablone 9.3 im Stoffbruch für Klappe
A1: Schablone 9.1 im Stoffbruch für Vorderseite
A2: 2x Schablone 9.2 für Seitenblende
A3: Schablone 9.4 im Stoffbruch für Rückseite
A4: 5 cm x 50 cm für Rüsche
B: Schablone 9.3 im Stoffbruch f. Klappenfutter
B1: Schablone 9.1 im Stoffbruch f. Futter Vorders.
B2: 2x Schablone 9.2 für Seitenblendenfutter
B3: Schablone 9.4 im Stoffbruch f. Futter Rücks.
(C: 1,20 m x 8 cm für genähtes Gurtband)
D: Schablone 9.1, 9.3 und 9.4 im Stoffbruch, 2x Schablone 9.2

Bügle zunächst die Vlieseline (D) auf die Oberstoffzuschnitte aus A.
Für das blaue Modell auf Seite 16 mit genähtem Gurtband ohne Rüsche: Lege die langen Seiten des Zuschnitts für das Gurtband (C) rechts auf rechts aufeinander und nähe diese an der langen Kante zusammen. Wende das Band und bügle es mit der Naht zur Seite.
Für die rosa Gürteltasche mit Rüsche: Säume eine Längsseite des Rüschenzuschnitts (A4) schmalkantig ab. Kräusele die zweite lange Schnittkante mit großer Stichlänge ein *(siehe dazu Nählexikon Seite 6-7, Kräuseln)*. Stecke die Rüsche rechts auf rechts an die Rundung der Taschenklappe (A) und nähe sie zwischen den Kräuselfäden fest. Entferne dann die Kräuselfäden.
Für alle Taschen: Knipse das Reißverschlussband am Rand entlang 2 mm ein, damit es sich besser an die Rundung der Stoffkante legt. Stecke den Reißverschluss rechts auf links auf die Rüsche an die Taschenklappe (A) und nähe den Reißverschluss mit einem Reißverschlussfuß fest. Stecke die Futterklappe (B) links auf rechts an den Reißverschluss und nähe sie in der zuvor genähten Naht fest. Drehe die Klappe auf rechts, forme die Kante neben dem Reißverschluss aus und steppe schmalkantig ab. Stecke die gerade Kante der Vorderseite aus Oberstoff (A1) rechts auf rechts an das andere Reißverschlussband und nähe die Vorderseite fest. Nähe die Futter-Vorderseite (B1) rechts auf links an den Reißverschluss und nähe sie in der zuvor genähten Naht fest. Drehe auf rechts, forme auch hier die Kante aus und steppe sie schmalkantig ab. Stecke die Seitenblende (A2) an das vordere Taschenteil. Stecke die Seitenblende aus Futter (B2), gegengleich an das Taschenteil aus Oberstoff, das Taschenteil liegt zwischen beiden Seitenblenden. Steppe die Seitenblenden durch alle Stofflagen fest. Falte die Seitenblenden vom Reißverschluss weg und steppe sie schmalkantig ab. Schneide 12 cm vom Gurtband ab, fädele den D-Ring darauf und lege die kurzen Seiten des Gurtbands zu einer Schlaufe. Stecke die Gurtbandschlaufe mittig an die Seitenblende. Nähe die Gurtbandschlaufe knappkantig fest. Nähe das restliche Gurtband auf die andere Seitenblende knappkantig fest. Öffne den Reißverschluss ein Stück. Stecke den Zuschnitt für die Rückseite (A3) rechts auf rechts an das Vorderteil und nähe es durch alle Stofflagen an. Stecke den Futterzuschnitt für die Rückseite (B3) rechts auf rechts an den Futterstoff und nähe ihn in der ersten Naht fest. Lasse dabei eine Wendeöffnung an der oberen geraden Kante. Kürze die Nahtzugaben ein und wende die Tasche durch die Wendeöffnung. Schließe die Wendeöffnung von Hand. Fädele abschließend Gurtschieber und Karabiner auf und steppe das Ende des Gurtbands fest. Nähe das Webetikett an der blauen Variante von Hand mit einem Kreuzstich in jeder Ecke fest.

Die Rambler-Rose „Bobby James“ hat die Birke mit ihrem schönen Wuchs erobert.

SOMMER *Romantik*

Die märchenhaft schöne Gürteltasche verzaubert mit ihrer zurückhaltenden, romantischen Eleganz. Die feine Rüsche unterstreicht ihren zarten Look.

Ein Lieblingsplatz direkt an der heimischen Allee von Obstbäumen. Das schattige Plätzchen ist der ideale Ort um es sich zusammen mit einem guten Buch gemütlich zu machen.

SOMMER *Romantik*

Mit dem leuchtend bunten Dahlien in den Armen geht es nun mit dem Rad zum sommerlichen Kaffeekränzchen bei Familie und Freunden.

BLÜTEN
zum Reigen

Hortensien, Dahlien und Fetthenne zieren den Kranz dieses Strohhutes. Auf Jutekordel abwechselnd mit dünnem Blumendraht aneinandergebunden ergibt sich eine geblümte Kette, die wir passend zum Durchmesser des Hutes mit dem rustikalem Juteband abschließend zusammenbinden.

Der florale Strohhut harmoniert mit dem prachtvollen Dahlienstrauß.

Blumig feiner Strohhut

Mit etwas Geschick, Kordel, Draht, einer Gartenschere und Blumen lässt sich einem alten Strohhut noch eine dekorative Note verleihen. Und einmal damit angefangen, kann es zur Sucht werden. Denn es finden sich viele Plätze und Orte, an denen so ein dekorativer Hut besonders gut zur Geltung kommt und mit seinem ländlichen Charme begeistert.

Zuerst bleibt zu entscheiden, ob die Dekoration kurzweilig werden soll oder ob die Pracht von etwas längerer Dauer sein darf. In diesem Fall sollten wir auf Blüten zurückgreifen, die sich auch nach dem Trocknen noch hübsch machen. Wer dies nach Lust und Laune ausprobiert, wird seine wahre Freude daran haben. Denn durch die Jahreszeiten hindurch lassen sich so viele schöne Gestaltungen kreieren. Hübsch ist es auch, wenn sich eine kleine Hutsammlung ergibt, die zusammen mit anderen Elementen, wie Spiegel und Bildern ein stimmiges Arrangement ergeben.

Latzkleid für Kinder

Größe 86/92, 98/104, 122/128, 134/140
Schnittmuster Nr. 10 auf Bogenseite 2

Material

- 0,35 m / 0,35 m / 0,40 m / 0,40 m / 0,45 m BW-Stoff Blütenpracht (A)
- 0,20 m / 0,20 m / 0,25 m / 0,25 m / 0,25 m BW-Stoff Emma Thymian (B)
- 0,10 m BW-Stoff Emma Rose (C)
- 0,10 m dünne Vlieseline
- Web-Patch „Stiefel und Katze“
- 0,30 m Gummiband 3 cm
- 2 Knöpfe

Material Kleid Seite 90

- 0,75 m / 0,75 m / 0,90 m / 0,90 m / 0,95 m Web-Stoff Karo Blau (A, B, C)
- 0,10 m dünne Vlieseline
- Web-Patch „Gutes Team“
- 0,30 m Gummiband 3 cm
- 2 Knöpfe

Zuschnitt

Schnittmuster zzgl. Nahtzugabe zuschneiden. Vor dem Zuschnitt alle Stoffe nach Anleitung waschen, siehe Nählexikon.

A: Schnittmuster 10.1 im Stoffbruch für Vorderteil, Schnittmuster 10.2 im Stoffbruch für Rückenteil
A1: Schnittmuster 10.8 im Stoffbruch für Latz
A2: 2x Schnittmuster 10.3 für Taschen
B: 2x Schnittmuster 10.6 für Träger, 2x Schnittmuster 10.5 für Bund
B1: Schnittmuster 10.8 im Stoffb. für Latzbeleg
B2: 2x Schnittmuster 10.4 für Taschenbelege
C: 2x Schnittmuster 10.7 für Fronttasche
D: 2x Schnittmuster 10.6 für Latzträger

Bügle die Vlieseline (D) auf die Trägerzuschnitte (B). Lege die Trägerzuschnitte in sich rechts auf rechts an den langen Kanten zusammen und steppe die lange und eine kurze Kante zu. Wende und bügle die Träger. Nähe die Zuschnitte für den Latz (A1 und B1) an den Seitennähten zusammen. Schiebe die Träger mit den offenen Kanten zwischen beide Latzteile. Stecke sie an der oberen Kante des Latzteils, kantengleich knapp neben der Seitennaht, fest und nähe die obere Kante ebenfalls zu. Schneide die Nahtzugaben und Ecken zurück, wende den Latz auf rechts und bügle ihn. Lege die Taschenzuschnitte für die Fronttasche (C) rechts auf rechts und nähe sie rundherum zusammen. Lasse dabei eine kleine Wendeöffnung an der unteren Kante. Schneide die Nahtzugaben in den Rundungen ein, wende und bügle die Tasche. Stecke sie mittig auf das Latzteil und nähe die Tasche knappkantig fest. Nähe die untere Latzkante links auf links zu. Stecke sie rechts auf rechts auf die markierten Stellen eines Bundzuschnitts (B). Lege die kurzen Kanten des Bundzuschnitts rechts auf rechts und schließe die Naht. Schließe die kurze Kante des zweiten Bundzuschnitts genauso. Lege die Bundzuschnitte dann rechts auf rechts, die Quernähte treffen aufeinander und das Latzteil liegt zwischen beiden Lagen. Nähe die Bundteile an der oberen Kante zusammen und fasse dabei den Latz mit. Stecke die beiden Taschenbelege (B2) jeweils rechts auf rechts an die Rundungen der vorderen Rockteils und nähe sie fest. Schneide die Nahtzugabe ein und zurück und bügle die Taschenbelege zur linken Seite.
Steppe den so entstandenen Tascheneingriff 0,5 cm von der Kante ab. Stecke die Taschenzuschnitte (A2) bündig rechts auf rechts unter die Taschenbelege und nähe beides zusammen. Versäubere die Naht. Nähe mit großen Stichen zweimal im Abstand einer Füßchenbreite entlang der vorderen Rockkante zwischen den Taschenbeuteln. Lege das Rückenteil (A) auf das Vorderteil (A) und stecke die Seitennähte. Achte darauf, dass die Taschen glatt dazwischen liegen. Nähe nun die Seitennähte des Rocks zusammen, fasse die Taschen dabei mit und versäubere die Seitennähte. Lege den vorbereiteten Rock rechts auf rechts auf die äußere Bundhälfte und stecke ihn fest. Die Seitennähte von Rock und die Markierungen im Bund müssen dabei übereinstimmen. Kräusele die überschüssige Weite im Vorderteil ein. Nähe den Rock an den äußeren Bund fest, der innere Bund (Beleg) wird dabei nicht mitgefasst. Bügle die Nahtzugabe in den Bund und versäubere den Beleg. Stecke das Gummiband jeweils auf die Seitennahtmarkierung und nähe es fest. Du kannst die Länge bei Bedarf ein bisschen anpassen. Halte den rückwärtigen Bundbereich auf Spannung und ziehe das Gummi stramm und nähe von rechts im Schatten der Naht das untere Bundteil einmal rundherum fest. Versäubere den Saum, bügle ihn zur linken Stoffseite und steppe ihn ab. Arbeite jeweils 2 Knopflöcher entsprechend der Markierung in die Träger ein. Nähe die Knöpfe ca. 8 cm von der Seitennaht auf der Gummimitte an. Nähe das Webetikett von Hand mit einem Kreuzstich in jeder Ecke fest.

Ein Füllhorn an Blüten und Farben ist auf diesem wunderschönen Latzkleid zu finden.

Das Täschchen verziert mit einem Web-Patch bietet Platz für das Lieblingsblümchen aus dem Garten.

Alte Gefäße, Vasen oder Kannen dienen als Basis für kunstvolle Blumengestecke aus dem eigenen Garten. Sollte dann ein Blümchen mal den Kopf hängen lassen, so ist es schnell ausgetauscht. Dadurch entsteht dann immer wieder ein ganz neuer Look.

Landfeines Ikebana

Das kunstvolle Arrangieren von Blumen-Gestecken wird im Japanischen Ikebana genannt und bedeutet wörtlich übersetzt „lebende Blume". Dabei werden einzelne Blumen, Zweige und Knospen locker und in ihrer natürlichen Schönheit präsentiert und die Gestecke wirken eher filigran statt opulent.
Oft werden klassische Ikebana-Vasen bzw. Gefäße und sogenannte Steckigel verwendet. Mit etwas Hasendraht lässt sich aber fast jedes Gefäß zu einer kostengünstigen Ikebana-Variante umfunktionieren.
Hier hat eine alte Suppenterrine eine neue Bestimmung gefunden. Einfacher Hasendraht wurde zu einer Kugel geformt und in die Terrine gesteckt. Durch die Drahtkugel bekommen die Blumen den nötigen Stand und kippen nicht um. Die Gartenblumen sollten also ruhig etwas langstieliger abgeschnitten werden. Nachdem etwas Wasser eingefüllt wurde, können Blumen und Zweige nach Geschmack hineingesteckt und arrangiert werden. Hier ist ein Mix aus spätsommerlichen Gartenblumen wie z.B. Hortensien, Rosen, Dahlien, Fetthenne und ein paar Zweige und Gräser zu sehen. Eine feste Ikebana-Anleitung gibt es nicht, hier sind der Kreativität keine Grenzen gesetzt.

FEINER
Marktbegleiter

Diese genähte Umhängetasche sieht nicht nur schön aus, durch das Zugband bleiben alle Markteinkäufe, insbesondere druckanfälliges Obst und Gemüse, an Ort und Stelle und sind damit gut geschützt.

Markttasche mit Zugband

Größe 30 x 25 cm (40 x 30 cm)

Material

- 0,50 m BW Stoff Blütenpracht (0,90 m Webstoff Karo Gelb) (A)
- 0,40 m BW Stoff Emma Thymian (0,50 m BW Stoff Emma Korn) (B)
- 0,25 m Volumenvlies zum Aufbügeln (C)
- Web-Patch „Happiness" (Web-Patch „Familie")
- Rest Vliesofix

Zuschnitt

Inkl. 1 cm Nahtzugabe. Vor dem Zuschnitt alle Stoffe nach Anleitung waschen, siehe Nählexikon.

A: 2x 37 x 32 cm (2x 47 x 37 cm) für Außenbeutel
A1: 2x 82 x 7 cm für Träger
A2: 120 x 4 cm für Zugband
B: 2x 37 x 32 cm (2 x 47 x 37 cm) für Futterbeutel,
7 x 6 cm für Etikettenhintergrund (der Zuschnitt erfolgt mit der Zackenschere)
C: 2x 82 x 7 cm für Träger

Bügle das Volumenvlies (C) auf die beiden Trägerzuschnitte. Lege anschließend die langen Seiten der Henkel rechts auf rechts aufeinander und nähe diese an der langen Kante zusammen. Wende die Träger und bügle die Naht zur Seite. Lege die beiden Zuschnitte für den Außenbeutel (A) rechts auf rechts aufeinander und nähe die Seitennähte und die Bodennaht zusammen. Lasse dabei an einer Seite 5 cm (6 cm) von der oberen Kante eine Öffnung von 3 cm für den Zugbanddurchzug. Achte darauf, dass das Karo aufeinandertrifft. Lege an den Ecken die Seiten- und Bodennaht aufeinander und zeichne mit Hilfe eines Geodreiecks eine Linie in einem Abstand von 2,5 cm von der Spitze. Nähe die eingezeichnete Linie und vernähe Anfang und Ende sorgfältig. Schneide die Nahtzugabe der Ecken zurück. Nähe die Zuschnitte für den Futterbeutel (B) rechts auf rechts an den Seitennähten und der Bodennaht zusammen. Lasse dabei eine Wendeöffnung.
Nähe die Ecken wie beim Außenbeutel ab. Schiebe den Außenbeutel rechts auf rechts in den Futterbeutel und stecke ihn fest. Nähe die beiden Beutel an der Oberkante zusammen. Achte darauf, dass die Seitennähte aufeinandertreffen. Wende den Beutel durch die Wendeöffnung. Schließe die Wendeöffnung knappkantig mit der Maschine und schiebe den Futterbeutel nach unten. Bügle die obere Kante. Wende die Tasche auf die Futterseite und stecke die Träger an jeder Seite, mit den offenen Kanten nach oben liegend, 9 cm von der oberen Kante fest. Der Abstand zur Seitennaht beträgt hierbei 5 cm. Achte darauf, dass der Träger sich nicht verdreht. Steppe den Beutel, 10 cm von der oberen Kante rundherum ab. Fasse dabei die Trägerenden mit. Schlage die Träger nach oben und steppe ein zweites Mal 5 cm von der oberen Kante ab. Dadurch entsteht der Tunnelzug und die Träger sind noch einmal zusätzlich fest. Bügle die Längskanten des Zugbandes je 1 cm zur Mitte hin ein. Lege die Bügelkanten aufeinander und steppe das Zugband an der offenen Kante knappkantig zusammen. Ziehe das Zugband mit Hilfe einer Sicherheitsnadel einmal rundherum durch den Tunnel. Verknote die Enden. Nähe den Web-Patch bei der kleinen Tasche von Hand mit einem Kreuzstich in jeder Ecke an. Nähe bei der großen Markttasche das Webetikett mit der Maschine auf den gezackten Etikettenhintergrund aus B. Bügle das Vliesofix mit der rauen Seite auf die linke Seite des Etikettenhintergrundes, ziehe das Trägerpapier ab und bügle es zusammen mit dem Webetikett rechts unten, mit 5 cm Abstand zur Seiten- und 8 cm zur Bodennaht auf.

Kleine Geldbörse

Größe 9 x 12 cm (aufgeklappt 16 x 12 cm)
Schablone Nr. 11 auf Bogenseite 1

Material

- 0,25 m BW-Stoff mit Motiv (A)
- 0,30 m Web- / BW-Stoff (B)
- 0,30 m Web- / BW-Stoff (C)
- *Optional 0,20 m Webstoff (D)*
- Web-Patch (je nach Gefallen)
- 0,20 m Webband (je nach Gefallen)
- 1 Reißverschluss, 15 cm Länge
- 0,20 m Vlieseline (E)
- Druckknopf zum Einschlagen oder Magnetverschluss zum Einnähen
- 0,70 m Kordel für Brustbeutel

Zuschnitt

Angaben inkl. 1 cm Nahtzugabe, Schablonen zzgl. NZ zuschneiden. Vor dem Zuschnitt alle Stoffe nach Anleitung waschen, siehe Nählexikon.

A: 1x Schablone 11 für Geldbörse (achte darauf, dass das Muster später nicht auf dem Kopf steht)
A1: 2x 14 x 8 cm für Münzfach (auch aus Stoff B, C oder D für andere Varianten möglich)
B: Schablone 11 für Geldbörse Futter
C: 14 x 23 cm für Geldfach
E: 2x Schablone Nr. 11 für Geldbörse/Futter, 14 x 23 cm für Geldfach, 2x 14 x 23 cm für Münzfach

Ein kleiner, praktischer Begleiter für den Besuch beim Wochenmarkt. Die Geldbörse kann dabei in zwei Varianten genäht werden. Neben der klassischen Form macht sie nämlich auch eine ganz fabelhafte Figur als Brustbeutel.

Bügle zunächst die Vlieseline (E) auf die linke Seite des entsprechenden Zuschnittes. Klappe das Geldfach (C) links auf links und bügle die Kante ein. Lege die Bügelkante bündig an das obere Reißverschlussband *(siehe Zeichnung)* und nähe es dann mit einem RV-Füßchen fest. Dabei liegt der Stoff doppelt. Bügle das Geldfach ganz nach oben. Schlage nun das Geldfach um das Reißverschlussband und den Bruch nach hinten unten zurück. Bügle diesen Bruch (ca. 1,5 cm entfernt von der Reißverschlussspirale) ein und steppe ihn ab *(siehe Zeichnung)*. Lege die zwei Zuschnitte des Münzfaches (A1) rechts auf rechts und kantenbündig an die andere Kante des Reißverschlussbandes, der Reißverschluss liegt zwischen beiden Zuschnitten, stecke sie fest und steppe den Reißverschluss mit einem Reißverschlussfüßchen ein. Klappe die Zuschnitte vom Reißverschluss weg und steppe sie knappkantig ab. Achte darauf, dass Geldfach nicht mitzufassen und klappe es während des Nähens nach oben.
Nähe nun optional das Webband nach Geschmack entweder ober- oder unterhalb des Reißverschlusses fest. Ziehe den Zipper in die Mitte. Stecke das zur Schlaufe gelegte Webband seitlich ca. 3 cm von der unteren Kante fest, die Schlaufe liegt zur Mitte. Lege das halbfertige Fach, seitlich und unten bündig, auf den Zuschnitt für das Futter (B). Soll ein Brustbeutel genäht werden, stecke nun die Kordel oberhalb des Geldfaches an den Seiten fest.
Lege den Zuschnitt für die Geldbörse (A) rechts auf rechts auf das Futter (das Geldfach liegt zwischen beiden Lagen). Nähe die Geldbörse mit dem Futter rundherum, bis auf eine Wendeöffnung, zusammen. Sichere dabei den Reißverschluss, indem an jedem Reißverschlussende einige Stiche vor und zurück genäht werden. Schneide den überschüssigen Reißverschluss, mit der Nahtzugabe bündig, ab. Schneide die Nahtzugaben in den Ecken vorsichtig zurück, wende die Geldbörse durch die Wendeöffnung, arbeite die Ecken mit Hilfe eines Eckenformers oder einer Nadel vorsichtig heraus und schließe die Öffnung von Hand. Bügle die Geldbörse. Nähe abschließend den Magnetverschluss mittig knapp unterhalb der Klappenkante von Hand fest. Alternativ kann auch ein Druckknopf eingeschlagen oder angenäht werden. Markiere die Position des Gegenstücks auf dem Münzfach mit Hilfe eines Markierstifts oder Schneiderkreide und nähe es an. Nähe das Webetikett ebenfalls von Hand mit einem Kreuzstich in jeder Ecke an.

KLEIN,
aber fein

Das aufgenähte Web-Patch wird mit farblich passendem Emma-Stoff umrahmt.

Dank Reißverschluss und Druckknopf purzeln hier ganz sicher keine Münzen heraus.

Mit passendem Stoff versehen und mit Webband verziert, freuen sich auch kleine Pferdefreunde über den Brustbeutel. Hier haben die Bänder vom Brustbeutel einfach Platz im Scheinfach genommen.

Der Geldbeutel bietet genügend Platz für Scheine und Münzen.

Spätsommer GLÜCK

Das feine Webband setzt liebevolle Akzente auf der kleinen Geldbörse.

EIN TAG AUF DER WEIDE

mit meinem liebsten Schwesterherz

Hier werden wundervolle Erinnerungen mit dem Lieblingspony geschaffen.

Shetty-Dame „Sartje" ist ein fester Bestandteil vom Hofleben und gerne beste Freundin von Klein und Groß.

Der bezaubernde Kinderrock mit Hoftier-Motiven wurde mit praktischen Taschen versehen.

Kinderrock

Größe 68/92, 98/104, 122/128, 134/140
Schnittmuster Nr.10 auf Bogenseite 2

Material

- 0,35 m / 0,35 m / 0,40 m / 0,40 m / 0,45 m BW-Stoff Hoftiere (A)
- 0,20 m BW-Stoff Emma Ocker (B)
- Web-Patch „Kalb und Gans“
- 0,60 m Gummiband, 3 cm breit
- kleiner Rest Vliesofix

Zuschnitt

Schnittmuster zzgl. Nahtzugabe zuschneiden. Vor dem Zuschnitt alle Stoffe nach Anleitung waschen, siehe Nählexikon.

A: Schnittmuster 10.1 im Stoffbruch für Vorderteil, Schnittmuster 10.2 im Stoffbruch für Rückenteil
A1: 2x Schnittmuster 10.3 für Taschen
B: 2x Schnittmuster 10.5 für Bund, 2x Schnittmuster 10.4 für Taschenbelege
B1: 6 x 5 cm für Web-Patch-Hintergrund (Zuschnitt mit Zackenschere)

Lege die beiden Zuschnitte für den Bund (B), in sich, rechts auf rechts und schließe die kurzen Seiten. Nähe nun die beiden Bünde nun rechts auf rechts an der Oberen Kante zusammen. Dabei treffen die kurzen Nähte aufeinander. Stecke die beiden Taschenbelege (B) jeweils rechts auf rechts an die Rundungen der vorderen Rockteils und nähe sie fest. Schneide die Nahtzugabe ein und zurück und bügle die Taschenbelege zur linken Seite. Steppe den so entstandenen Tascheneingriff 0,5 cm von der Kante ab. Stecke die Taschenzuschnitte (A1) bündig rechts auf rechts unter die Taschenbelege und nähe beides zusammen. Versäubere die Naht. Lege das Rückenteil (A) auf das Vorderteil (A) und stecke die Nähte. Achte darauf, dass die Taschen glatt dazwischen liegen.
Nähe nun die Seitennähte des Rocks zusammen, fasse die Taschen dabei mit und versäubere die Seitennähte. Stecke eine Bundkante rechts auf rechts und kantengleich an die obere Kante vom Rock. Beachte am Schnitt die Markierungen der Seitennähte. Nähe diese Bundkante fest und bügle sie nach oben in den Bund. Versäubere die noch unangenähte Bundkante (Bundbeleg). Stecke den Bundbeleg von rechts, im Nahtschatten links auf links glatt auf den äußeren Bund.
Nähe die Naht im Nahtschatten und lasse dabei eine Öffnung um das Gummiband einzuziehen. Messe das Gummiband an der Taille des Kindes und ziehe es mit Hilfe einer Sicherheitsnadel ein. Nähe Anfang und Ende des Gummis zusammen und schließe die Öffnung im Bund. Versäubere den Saum, bügle ihn zur linken Stoffseite und steppe ihn ab. Nähe das Webetikett mittig auf den Etikettenhintergrund (B1). Bügle das Vliesofix mit der rauen Seite auf die linke Seite des Leinenzuschnitts, ziehe das Trägerpapier ab und bügle mit einem Tuch, den Etikettenuntergrund zusammen mit dem Webetikett, rechts unten knapp über den Saum fest. Der Abstand zur Seitennaht beträgt 2cm.

ZEIT FÜR *Entspannung*

Neben den ganzen Hofabenteuern darf natürlich die Zeit für Erholung und Entspannung nicht zu kurz kommen. Diese fein bestickten Kissen laden dabei zum Anlehnen und Verweilen ein.

Dank der großzügig angelegten Fläche aus Zählleinen, wird die Stickerei hier absolut in den Vordergrund getragen.

Der schlichte Look des Kissens gibt den handgestickten Tier-Motiven eine wunderbare Bühne. Die genähten Rüschen wirken dabei verspielt und verträumt.

Die Anleitung für dieses hübsche Latzkleidchen steht auf Seite 74.

Rüschenkissen mit Stickerei

Größe 60 x 30 cm (70 x 40 cm)
Stickereigröße Enten 12,5 x 8,5 cm / 75 x 50 Kreuze, Ziege 13 x 9,5 cm / 79 x 57 Kreuze
Stickmuster Seite 120

Material

- 0,35 m (0,45 m) Zählleinen, weiß (A)
- 0,20 m (0,60 m) Webstoff Fischgrät Natur (B)
- 0,35 m Leinen natur meliert (C), nur für kleines Kissen
- Reißverschluss 50 cm (60 cm)
- 0,30 m (0,40 m) Vlieseline (E)
- Kissenfüllung 30 x 50 cm (40 x 60 cm)

Zuschnitt

Inkl. 1 cm Nahtzugabe. Vor dem Zuschnitt alle Stoffe nach Anleitung waschen, siehe Nählexikon.

A: 52 x 32 cm für Vorderseite
(32 x 42 cm für Mittelteil)
B: 17 x 42 cm für Seitenteile großes Kissen
B1: 2x 12 x 62 m (2x 12 x 47 cm für Rüsche)
C: 52 x 32 cm (62 x 42 cm für Rückseite)
E: 52 x 32 cm (62 x 42 cm)

Neben den ganzen Hofabenteuern darf die Zeit für Erholung und Entspannung nicht zu kurz kommen. Diese fein bestickten Kissen laden zum Anlehnen und Verweilen ein. Die Kissenform bietet dabei einen schönen Rahmen für allerlei Stickereien, natürlich insbesondere für die hübschen Stickmotive von Ziegenbock und Laufenten.

Sticke das Motiv mittig im Kreuzstich auf den Zuschnitt für das Mittelteil/ die Kissenvorderseite (A). Nähe für das größere Kissen die Seitenteile (B) rechts auf rechts an den Mittelteil. Bügle die Vlieseline auf die linke Stoffseite des Vorderteils. Versäubere die unteren Kanten. Nähe den Reißverschluss zwischen den beiden langen Unterkanten der Vorder- und Rückseite ein und öffne ihn zum späteren Wenden etwas (siehe Nählexikon Seite 7 Reißverschluss in Kissen). Falte die Streifen für die Rüschen (B1) längs je rechts auf rechts und nähe die kurzen Seiten zu. Bügle die Rüsche und hole dabei die Ecken mit einer Nadel fein raus. Kräusele die Schnittkante mit großer Stichlänge ein. Stecke den Rüschenstreifen auf die kurzen Seiten des Kissens und verteile die Kräuselung gleichmäßig. Bedenke dabei die Nahtzugabe an der langen Oberkante der Vorder- und Rückseite, diese bleibt frei. Lege Vorder- und Rückseite rechts auf rechts (die Rüsche liegt dabei zur Mitte hin) und nähe die offenen drei Kanten zusammen. Wende das Kissen und ziehe es über die Kissenfüllung.

PICKNICK IM GRÜNEN

mit Liebe angerichtet

Ob der gute Hofhund wohl auch Interesse an den Köstlichkeiten aus dem Picknickkorb hat?

Gaumenschmaus IM GARTEN

Nach getaner Arbeit lockt eine leckere Brotzeit die ganze Familie an den (Garten-)Tisch. Luftig-locker belegte Laugenstangen, ein fruchtiger Nudelsalat sowie aromatische Kräuterscones mit Paprikacreme füllen dann die knurrenden Mägen.

Die selbstgebackenen Laugenstangen wurden mit Frischkäse, Feigensenf, Bergkäse und Rucola belegt und mit etwas Backpapier und Juteschnur zu einem Sandwich zum Mitnehmen geschnürt.

Laugenstangen

Zutaten

- 1 kg Mehl (Typ 550)
- 260 ml Wasser
- 260 ml Milch
- 150 g Butter
- 1 Würfel frische Hefe (42 g)
- 2 TL Salz
- 1,5 Liter Wasser und 3 EL Natron für die Lake
- Hagelsalz zum Bestreuen

Zubereitung

Vermische Mehl und Salz. Erwärme das Wasser, schmelze die Butter darin, gebe die Milch hinzu und lasse darin die Hefe in der lauwarmen Mischung auflösen. Gebe die Hefemischung zum Mehl und verknete alles zu einem mittelfesten Teig. Lasse den Teig abgedeckt ca. 1 Stunde gehen. Heize den Backofen auf 160° C Umluft vor. Gib den Teig auf eine bemehlte Arbeitsfläche und stecke 24 Stücke ab. Bringe das Wasser für die Lake in einem ausreichend großen Topf zum Kochen und geben das Natron hinzu. Forme aus den Portionsstücken Stangen, lege sie paarweise in die Lauge und nimm sie wieder heraus, sobald sie oben schwimmen. Lege die Stangen auf zwei mit Backpapier ausgelegte Backbleche, bestreue sie mit dem Hagelsalz und schneide sie 1 cm tief ein. Backe die Stangen für ca. 25 Minuten im Backofen und lasse sie danach auf einem Gitter auskühlen.

Fruchtiger Nudelsalat

Zutaten

- 200 g Nudeln (z.B. Tortiglioni, Penne …)
- 5 EL Olivenöl
- 5 EL Himbeeressig
- 2 TL Himbeergelee
- 1 TL körniger Senf
- etwas Worcestersauce
- Salz und Pfeffer
- 1 Radicchio
- 250 g Mini-Mozarellakugeln
- 1 kleine Cantaloupe-Melone

Zubereitung

Koche die Nudeln nach Packungsanweisung. Schäle die Melone und würfle das Fruchtfleisch. Wasche den Radicchio und schneide ihn in Streifen. Vermische für das Dressing Öl, Essig, Gelee, Senf und Worcestersauce und würze es mit Salz und Pfeffer. Vermische alle Zutaten miteinander, lasse den Salat etwas durchziehen und fülle ihn für das Picknick in Gläser.

Kräuterscones mit Paprikacreme

Zutaten für Scones

- 500 g Dinkelvollkornmehl
- 1 Päckchen Backpulver
- 50 g Parmesan, fein gerieben
- 250 g Quark
- 140 g weiche Butter
- 2 Eier
- 1 gemischtes Bund Kräuter (z.B. Rosmarin, Thymian, Oregano), alternativ jeweils 1 TL gertrocknet
- ½ TL Salz und etwas Pfeffer
- Mehl zum Ausrollen
- 1 Eigelb und 1 EL Wasser

Zutaten für Paprikacreme

- 150 g Frischkäse
- 150 g Quark
- 3 EL Ajvar (Paprikapaste)
- Salz und Pfeffer

Heize den Backofen auf 200° C vor. Wasche die Kräuter, tupfe sie trocken und hacke sie fein. Vermische die Kräuter mit dem Parmesan, dem Mehl und Backpulver. Füge danach alle restlichen Zutaten hinzu und verknete sie zu einem geschmeidigen Teig. Rolle den Teig auf einer bemehlten Arbeitsfläche ca. 2,5 cm dick aus. Steche Kreise mit einem Durchmesser von ca. 7 cm aus und lege sie auf ein mit Backpapier ausgelegtes Backblech. Verquirle das Eigelb mit dem Wasser und bestreiche die Kreise damit. Backe die Scones ca. 15-20 Minuten im Ofen bis sie goldgelb sind.

Für die Paprikacreme verrühre alle Zutaten miteinander und schmecke zum Schluss mit Salz und Pfeffer ab.

Rüschen-Plaid

Größe ca. 200 x 145 cm

Material

- 2,00 m BW-Stoff Pferdesommer (A)
- 2,00 m Webstoff Karo grün (B)
- 1,50 m Webstoff Streifen grün-natur (C)
- 2,00 m bauschiges Volumenvlies, 150 cm breit (D)

Zuschnitt

Inkl. 1 cm Nahtzugabe. Vor dem Zuschnitt alle Stoffe nach Anleitung waschen, siehe Nählexikon.

A: 132 x 192 cm für Vorderseite
B: 132 x 192 cm für Rückseite
C: 8x 18 cm x gesamte Stoffbreite für Rüsche
D: 150 x 200 cm

Der verspielte Plaid verzückt nicht nur Pferdefans. Denn er trägt einfach das Gefühl von Hofromantik mit sich. Auch eignet er sich wunderbar für Nähanfänger, denn er wird aus Vorder- und Rückteil sowie einer genähten Rüsche gefertigt und bedarf daher keinerlei Patchworkarbeit.

Nähe die Streifen für die Rüsche schräg aneinander und schließe die letzte Naht zur Runde. Das schräge aneinandernähen ist wichtig, damit später die Nähte nicht übereinander liegen und zu dick werden. Bügle die Nähte auseinander. Unterteile die Rüsche mit einem bunten Faden in 321/231/321/231 cm. Lege die Rüsche in sich links auf links und nähe mit großem Stich zum späteren Kräuseln 2 mal im Abstand von 5 mm zueinander am offenen Rand entlang. Immer bis zur nächsten Markierung, dort den Faden nicht vernähen, nur abschneiden. Diese Unterteilung ist gedacht um das einkräuseln leichter zu machen, so müssen die Kräusel nicht über die Gesamtlänge gezogen werden. Achte darauf, dass die Streifen an den Kanten übereinander liegen, damit sie sich nicht schrägziehen.

Stecke die Markierungen auf die Ecken der Vorderseite (A). Die Länge 321 cm liegt dabei auf der 192 cm-Länge der Vorderseite. Kräusele die Längen nacheinander ein und steppe sie rechts auf rechts, kantengleich auf die Vorderseite. Immer bis 2 cm vor der nächsten Ecke. Diese wird schön beigeschoben, damit die Kräusel optisch durchlaufen.

Stecke die Rüsche danach auf dem Top hier und da fest. Lege das Top auf das Volumenvlies und streiche es von innen nach aussen glatt. Stecke den Rand rundherum und nähe das Top füßchenbreit von der Schnittkante entfernt auf das Volumenvlies. Stecke nun die Rückseite rechts auf rechts auf das Top und verstürze die Decke bis auf eine 25 cm lange Wendeöffnung. Platziere diese Naht so, dass die erste Naht später nicht sichtbar ist. Wende die Arbeit und entferne die noch sichtbaren Kräuselfäden. Schließe die Wendeöffnung.

Ziehe die Rüsche schön heraus und stecke den Rand durch alle Stofflagen rundherum fest. Reihen ist hier von Vorteil. Lege den Plaid glatt hin und zeichne die erste diagonale Linie von links oben nach rechts unten. Stecke auf dieser Linie ca. alle 20 cm eine Nadel durch alle Lagen hindurch und kontrolliere ob auch die Rückseite glatt liegt. Steppe die Linie bis ca 1 cm vor dem Rand ab. So wird der Rand nicht zu hart und es ist immer noch etwas Spiel. Von dieser gesteppten Linie aus werden nun nach beiden Seiten alle Diagonalen in eine Richtung abgesteppt. Der Abstand beträgt 15 cm und es wird immer wie bei der ersten Stepplinie verfahren (erst zeichnen, dann Nadeln stecken und steppen).

Zeichne nun die mittlere Linie von rechts oben nach links unten ein und verfahre in diese Richtung genauso. Prüfe immer wieder die Rückseite, damit sich keine Fältchen bilden. So entstehen wunderschöne Rauten, die der Decke einen besonderen Charakter geben. Entferne zum Schluss alle Markierungen, Nadeln und Fäden.

Mit dem schönen Rüschenplaid wird das Picknick im eigenen Garten nochmal eine Spur gemütlicher.geschaffen.

Tipp:
Übertrage die Wimpelschablone auf durchsichtige Folie, um die Motive für den Zuschnitt einfacher auswählen zu können.

Wimpelkette

Größe 280 x 17 cm
Schablone 12 auf Bogenseite 2

Material

- je 0,25 m Stoff (A): Webstoff Karo grün, Webstoff Streifen grün-natur, BW-Stoff Pferdesommer, BW-Stoff Hoftiere, BW-Stoff Emma Thymian
- 0,10 m Leinen Natur (B)
- 0,20 m Gewebeeinlage (C)

Zuschnitt

Angaben inkl. 1 cm Nahtzugabe, Schnittmuster zzgl. NZ zuschneiden. Vor dem Zuschnitt alle Stoffe nach Anleitung waschen, siehe Nählexikon.

A: je Stoff 1x Schablone 12, doppelte Stofflage für Wimpelfahnen
B: 2x gesamte Breite x 4 cm für Band
C: 5x Schablone 12

Die genähte Wimpelkette aus Motiv- und Webstoff sowie Leinen ist ein herziges Deko-Highlight, welches eine festliche und zugleich heimelige Atmosphäre schafft. Sie kann dabei die Familie viele Jahre lang, zum Beispiel zu Kindergeburtstagen oder zu Sommerfeiern, begleiten.

Bügle die Gewebeeinlage auf je eine Stoffseite aus den Zuschnitten aus A. Später ist dies die Vorderseite. Lege die Vorder- und Rückseite rechts auf rechts aufeinander und steppe sie, bis auf die obere Kante, zusammen. Schneide die Nahtzugabe an der Spitze ab und seitlich etwas zurück. Wende und bügle den Wimpel, hole dabei die Spitze mit einer Nadel fein raus.
Nähe die Leinenstreifen schräg aneinander, damit die Nähte später nicht aufeinander treffen. Bügle die Naht auseinander und den Streifen längs kantengleich links auf links aufeinander. Klappe ihn wieder auf und bügle nun die Schnittkanten zu dieser Mitte. Steppe diese Bügelkanten ca. 85 cm knappkantig aufeinander und lege den ersten Wimpel (bebügelte Seite liegt oben) in das Band an die eingebügelte Mitte. Steppe ihn ein und achte darauf, dass die Bandkante auf der Rückseite mitgefasst wird. Steppe 5 cm weiter und lege dann den zweiten Wimpel ein. Verfahre mit allen Wimpeln so. Sind alle Wimpel eingesteppt, nähe bis an das Ende des Leinenstreifens weiter. Setze anschließend an beide Leinenbandenden einen Knoten.

KISSEN MIT REISSVERSCHLUSS

Größe 45 x 45 cm (50 x 50 cm)

MATERIAL

- 0,50 m (0,55 m) BW-Stoff
- 40 cm Reißverschluss

ZUSCHNITT

Inkl. 1 cm Nahtzugabe. Vor dem Zuschnitt den Stoff nach Anleitung waschen, siehe Nählexikon.

2x 46 x 47 cm (51 x 52 cm) für Kissenvorder- und Rückseite

Einfache Kissen aus einer Stoffsorte gefertigt sind wunderbare Begleiter für Kissen mit Besonderheiten, wie zum Beispiel einer Stickerei, Verzierungen mit Webbändern und -patches, Patchworkkissen oder Kissen mit einer Rüsche. Sie helfen, ihre aufwändigen Begleiter wunderbar in Szene zusetzen, bieten aber auch Möglichkeiten für Motivstoffe, diese in Ruhe betrachten zu können.

Versäubere die unteren Kanten und lege die Kissenzuschnitte rechts auf rechts aufeinander. Nähe die Naht am unteren Rand jeweils 6 cm von den Seiten zusammen. Lasse dabei eine Nahtzugabe von 2 cm. Bügle die Nähte auseinander, nähe den Reißverschluss anschließend von der rechten Stoffseite in die Nahtöffnung und öffne ihn. Siehe hierfür auch die Anleitung für einen Reißverschluss im Nählexikon Seite 6-7. Fixiere die beiden Kissenzuschnitte aufeinander und nähe die offenen Kanten zu. Wende das Kissen und bügle es.
Eine Anleitung zu den Rüschenkissen ist auf Seite 89 beschrieben.

Pony-Spielgeschirr

Größe 18 x 15 cm mit Stickerei
(18 x15 cm für Variante mit Motivstoff)
Schablone 13 auf Bogenseite 2
Stickereigröße 13 cm x 13 cm, 77 x 77 Kreuze
Stickmuster Seite 124

Material

- 0,20 m Zählleinen weiß (BW-Stoff Pferdesommer) (A)
- 0,20 m Teddyplüsch wollweiß (B)
- 0,65 m Webstoff Streifen Grün (C)
- 0,10 m Leinen meliert braun (BW-Stoff Emma Thymian) (D)
- 0,25 m Vlieseline (E)
- 2,00 m Webband Pferde
- 2 kleine Glöckchen zum Annähen

Zuschnitt

Angaben inkl. 1 cm Nahtzugabe, Schnittmuster zzgl. NZ zuschneiden. Vor dem Zuschnitt alle Stoffe nach Anleitung waschen, siehe Nählexikon.

A: 1x Schablone 13 für Vorderseite
B: 1x Schablone 13 für Rückseite
C: 6 x 60 cm für Nackenband (ggf. einkürzen)
D: 2x 8 x 100 cm für Zügel
E: 1x Schablone 13

Hier wird gemeinsam und fröhlich als Pony und Reiter herumgetollt. Denn das Spielgeschirr lädt zum fantasievollen Zusammenspiel von Kindern ab 3 Jahren ein. Mit einer Unterseite aus kuscheligen Teddy-Plüsch ist das Geschirr sehr angenehm zu tragen und die angebrachten Glöckchen klingeln hell und munter, wenn das „Pony" einen kleinen Satz macht.

Sticke das Motiv mittig im Kreuzstich auf den Zuschnitt für die Vorderseite aus Leinen (A). Bügle die Vlieseline auf die linke Stoffseite der Vorderseite. Lege die lange Seite des Nackenbandes rechts auf rechts aufeinander und nähe die Naht. Wende das Nackenband und bügle es mit der Naht an der Seite. Lege die langen Seiten der Zügel rechts auf rechts aufeinander und nähe entlang der langen und einer kurzen Seite. Schneide die Nahtzugabe in den Ecken leicht zurück, wende die Zügel und bügle sie. Stecke das Webband mittig auf die Zügel, schlage das Ende des Webbandes einmal um und nähe es beidseitig fest. Lege das Nackenband und die beiden Zügel jeweils rechts auf rechts mit den offenen Kanten an die markierten Ansatzpunkte des Pferdegeschirrs und stecke alle fest. Achte darauf, dass das Nackenband nicht in sich verdreht.

Lege den Zuschnitt für die Rückseite (B) rechts auf rechts auf die Vorderseite und stecke ihn fest. Zügel und Nackenband liegen zwischen beiden Lagen und werden im nächsten Schritt mitgefasst. Steppe einmal rundherum entlang der Kante, lasse dabei eine Wendeöffnung (am besten an der geraden Seitennaht). Achte darauf, dass die Zügel oder das Nackenband während des Nähens nicht in die Naht geraten. Wende das Geschirr und bügle es. Schließe die Wendeöffnung von Hand. Nähe die kleinen Glöckchen in den oberen Ecken von Hand an.

Achtung: Nicht geeignet für Kinder unter 36 Monaten! Strangulationsgefahr durch lange Schnur. Die Laufleine nur unter Aufsicht von Erwachsenen verwenden. Nicht in der Nähe von Spielgeräten (z.B. Rutschen, Schaukeln, Klettergerüsten o. ä.) verwenden. Verschluckungsgefahr der Kleinteile (Glöckchen).

Die mit hübschem Webband verzierten Zügel bändigen die kleinen Pferdchen.

HOPP, HOPP, HOPP,

Pferdchen lauf Galopp

Die Shetty-Dame „Maja" ist als kleiner Überraschungsgast gekommen, denn als die Stute „Sartje" auf den Hof Schneider-Windt kam wusste niemand, dass sie neues Leben unter ihrem Herzen trug.

Die schöne Pony-Stickerei auf dem Brustschild begeistert Pferdemädchen und -buben zugleich. Sieht sie dem echten Shetlandpony der Familie Schneider-Windt doch so unfassbar ähnlich.

Turnier-Schleifen

Größe 10 x 25 cm
Schablone 14 auf Bogenseite 1

Material

- 0,20 m Leinen meliert braun (BW-Stoff Emma Thymian) (A)
- 0,20 m Webstoff Streifen Grün (B)
- 0,40 m Webband Pferde (C)
- Web-Patch „Ich mag Dich“ oder Holzknopf
- Broschennadel

Zuschnitt

Angaben inkl. 1 cm Nahtzugabe, Schablonen zzgl. NZ zuschneiden. Vor dem Zuschnitt alle Stoffe nach Anleitung waschen, siehe Nählexikon.

A: 1x Schablone 14.1 (1x Schablone 14.1)
B: 1x Schablone 14.2
2x 6 x 20 cm für Bänder
C: 2x 20 cm, schräg abschneiden

Applaus, Applaus! Das beste Pferdchen wird gekürt! Mit der passenden Turnierschleife gelingt das auch im Nu. Die schönen Schleifen werden aus Baumwoll- oder Webstoff in Rosettenform genäht. Als Verzierung dient ein schönes Web-Patch, Webband oder ein feiner Holzknopf.

Lege für die genähten Bänder die langen Seiten der Zuschnitte (B) rechts auf rechts und nähe entlang der langen Kante. Nähe eine kurze Kante schräg ab, damit eine Spitze entsteht. Schneide die Nahtzugaben in den Ecken zurück, wende die Bänder und bügle sie. Bei der Variante mit dem Webband fällt dieser Vorgang weg. Nähe schmalkantig mit einem großen Stich entlang der Außenkante des Kreiszuschnittes (A). Ziehe einen Faden und kräusele die Kanten zur Kreismitte ein. Verfahre genauso mit dem kleineren Kreiszuschnitt (B).
Lege die beiden Kreise rechts auf links übereinander. Dabei wird die offene Seite des größeren Kreises vom kleinen Kreis verdeckt. Positioniere die genähten Bänder (Webbänder), sodass sie leicht schräg liegen und steppe sie durch alle Lagen fest. Nähe den Holzknopf von Hand auf die Schnitt- bzw. Kräuselkanten und verdecke diese damit. Bei Verwendung des Web-Patches, wird dieses mit der Maschine rundherum festgenäht und die Kräuselkante damit abgedeckt. Nähe auf der Rückseite die Broschennadel von Hand fest.

Auf die Rückseite der Turnierschleifen werden entweder kleine Broschennadeln oder auch normale Haarklammern angenäht. Bei der Variante mit Haarklammer kann das Kind auch ganz einfach selbst die Schleife im Haar oder am Shirtkragen befestigen.

Was wäre das Hofleben ohne diese munteren Tierchen? Die bernsteinfarbenen Hühner beleben die Atmosphäre auf dem Hof ungemein und sorgen dank ihrer quirligen Art für viele lustige Momente. Daher finden wir sie hier auch als schöne Kreuzstickerei wieder.

HÜHNER *Bande*

Diese genähten Hühner begeistern durch ihren reduzierten Look in sanften Erdtönen. Aufgehängt in Zweigen sind sie ein dekoratives Highlight.

Hühner-Anhänger

Größe ca. 12 x 7,5 cm
Schablone 17 auf Bogenseite 1

Material

- 0,15 m Leinen meliert Natur, Hellgrau, Haselnuss (A)
- 0,15 m BW-Stoff Emma Korn (B)
- Füllwatte
- 2x 25 cm Jutekordel, dünn
- gelbes Stickgarn oder kleine Holzperlen

Zuschnitt

Inkl. 1 cm Nahtzugabe. Vor dem Zuschnitt alle Stoffe nach Anleitung waschen, siehe Nählexikon.

A: 2x 12 x 10m cm für den Körper
B: 2x 6 x 5 cm für den Schnabel

Schnell genäht sind diese feinen Dekoanhänger. So entsteht in wenigen Schritten eine ganze Hühnerschar, die sehr gerne Platz in hübsch arrangierten Zweigen nehmen.

Nähe je zwei Zuschnitte für den Körper und den Schnabel so aneinander, wie in der Skizze angedeutet. Lege die beiden Teile rechts auf rechts, so dass die Farbabschnitte übereinander liegen. Übertrage nun die Schablone gemäß Skizze und steppe beide Stofflagen entlang der Schablone, bis auf eine Wendeöffnung, zusammen. Fasse dabei oben die Jutekordel für die Aufhängung und unten für die Beinchen in die Naht ein. Schneide die Nahtzugabe auf 0,5 cm zurück, die Ecken ab und die Rundungen ein.
Wende und bügle das Huhn und fülle es leicht mit Füllwatte. Schließe die Wendeöffnung von Hand. Übertrage die Nähte für die Schwanzfedern mithilfe eines Markierstifts gemäß der Schablone und steppe sie mit der Maschine. Nähe mit dem gelben Stickgarn zwei Augen auf oder verwende kleine Holzperlen. Setze an jedes Beinende einen Knoten für die Füßchen.

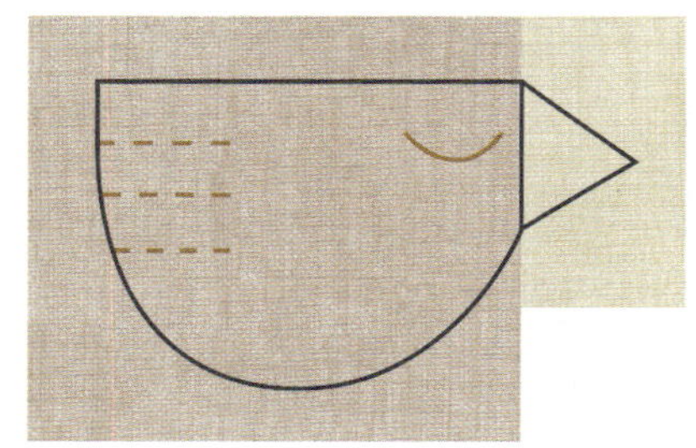

Kreuzstich-Hühner

Größe der Stickerei 13,5 x 6,5 cm
81 x 39 Kreuze
Kreuzstichmuster Seite 121

Material

- 0,40 m Stickleinen weiß

Diese bunte Hühnerbande hört man schon förmlich fidel gackern. Im Kreuzstich gestickt erfreuen sie uns durch schöne Farbschattierungen in goldgelb und bernsteinfarben. Egal ob einzeln gestickt oder als Trio, die Hühner machen einfach nur Freude.

Sticke das Motiv mittig auf ein 40 x 40 cm großes Stück Leinen. Eine hübsche Variante ist es, die Stickerei im Stickrahmen gespannt dekorativ auszulegen oder an die Wand zu hängen. Auch mittig in einem schönen Kranz ist sie ein liebevoller Blickfang.

KLEINE HÜHNERSCHAR
erblickt das Licht der Welt

GUTMÜTIGE *Riesen*

Galloways sind sogenannte Robustrinder, stammen ursprünglich aus dem Südwesten Schottlands und sind eine naturbelassene, ursprüngliche und von Menschen züchterisch nur wenig geformte Rasse. Die Galloways vom Hofe Schneider-Windt sind friedfertig und widerstandsfähig und leben in einer starken Herdenbindung. Die Kälber werden ohne menschliche Hilfe auf der Weide geboren und werden von den ausgesprochen guten Muttertieren im Herdenverband großgezogen. Auf dem Hof Schneider-Windt dürfen Sie langsam und natürlich aufwachsen. Hier leben die genügsamen Herdentiere ganzjährig draußen und nutzen nur bei sehr schlechtem Wetter den Offenstall.

Was für ein herrlicher Ort, um ein feines Mittagsschläfchen vorzunehmen. Unter dem kuscheligen Plaid lässt es sich wunderbar träumen.

Guck-guck! Wer schaut denn hier hinter dem großen, sommerlichen Plaid hervor? Ein bisschen muss er noch auf der Wäscheleine verweilen, bis man sich wieder gemütlich darin einkuscheln kann.

Sommerlicher Rauten-Plaid

Größe ca. 188 x 140 cm
Schablone Nr. 15 auf Bogen 1

Material

- 1,50 m BW-Stoff Emma Sand (A)
- 0,60 m BW-Stoff Wiesenblumen (B)
- 1,20 m BW-Stoff Weideglück (C)
- 0,60 m Webstoff Karo (D)
- 0,60 m Webstoff Fischgrät (E)
- 3,00 m BW-Stoff Emma Haselnuss (F)
- 2,00 m bauschiges Volumenvlies, 150 cm breit
- 3,50 m dünne Vlieseline

Zuschnitt

Zuschnitte inkl. 0,75 cm Nahtzugabe. Schablonen zzgl. 0,75 cm NZ zuschneiden. ***Vor dem Zuschnitt alle Stoffe nach Anleitung waschen****, siehe Nählexikon. Die Stoffe A-E vor dem Zuschnitt mit Vlieseline bebügeln. Diese stabilisiert die schrägen Kanten der Rauten und verhindert, dass sie sich beim Nähvorgang ausdehnen.*

A: 35x Schablone 15.1, 10x Schablone 15.2, 14x Schablone 15.3, 4x Schablone 15.4
B: 12x Schablone 15.1
C: 12x Schablone 15.1
D: 12x Schablone 15.1
E: 12x Schablone 15.1
F: 200 x 145 cm für Rückseite
F2: 5x 145 x 7 cm für Binding

Lege die Zuschnitte nach Möglichkeit einmal laut Schema auf der nächsten Seite als Decke aneinander. Genäht wird in diagonalen Reihen, beginnend in der linken unteren Ecke.
Nehme die linke untere Ecke so wie sie liegt (1 ganze Raute, 2 halbe Rauten und 1 viertel Raute) und nähe die Rauten an den Kanten gemäß Lageplan zusammen. Bügle die Nähte auseinander, später wird die Decke durch die Nahtschatten abgesteppt und das geht besser, wenn alle Nähte auseinander gebügelt sind. Nehme nun die erste Reihe diagonal über der Ecke weg (3 Rauten und 2 halbe Rauten) und steppe auch hier die Kanten laut Lageplan zusammen und bügle sie auseinander. Steppe diese Reihe nun an die zuerst genähte Eckreihe und achte dabei darauf, dass die Nähte jeweils aufeinander treffen. Bügle auch diese diagonale Längsnaht auseinander. Verfahre nun mit allen diagonalen Reihen so, bis das Top ganz zusammen genäht ist.
Lege den Rückseitenstoff (F), das Vlies und das Top zu einem Quiltsandwich zusammen. Reihe oder stecke alles gut zusammen, damit nichts verrutschen kann. Quilte alle Rauten im Nahtschatten ab. Arbeite dabei von der Mitte zum Rand hin. Lockere die Fadenspannung etwas und wähle eine größere Stichlänge, damit die Naht schön weich wird. Fertige das Randbinding mit den Zuschnitten aus F2 wie im Nählexikon auf Seite 6 beschrieben. Entferne zum Schluss die Reihfäden.

Sommer
ROMANTIK

Die beiden schlichten Kissen im Hintergrund lassen das Rautenkissen strahlen. Eine Anleitung für einfache Kissen ist auf Seite 99 beschrieben. Hier wurde der BW-Stoff Weideglück und Wiesenblumen verwendet.

Sommerliche Rauten-Kissen

Größe 42 x 32 cm
Schablonen Nr. 16 auf Bogenseite 1

Material

- 0,15 m BW-Stoff Emma Sand (A)
- 0,15 m BW-Stoff Wiesenblumen (B)
- 0,20 m BW-Stoff Weideglück (C)
- 0,15 m Webstoff Karo (D)
- 0,50 m Webstoff Fischgrät (E)
- 0,15 m BW-Stoff Emma Haselnuss (F)
- 0,45 m bauschiges Volumenvlies, 150 cm breit
- 0,30 m dünne Vlieseline

Zuschnitt

Zuschnitte inkl. 0,75 cm Nahtzugabe. Schablonen zzgl. 0,75 cm NZ zuschneiden. ***Vor dem Zuschnitt unbedingt alle Stoffe nach Anleitung waschen****, siehe Nählexikon. Die Stoffe A-E vor dem Zuschnitt mit Vlieseline bebügeln. Diese stabilisiert die schrägen Kanten der Rauten und verhindert, dass sie sich beim Nähvorgang ausdehnen.*

A: 4x Schablone 16.1, 2x Schablone 16.2, 8x Schablone 16.3, 4x Schablone 16.4
B: 2x Schablone 16.1
C: 3x Schablone 16.1
D: 2x Schablone 16.1
E: 3x Schablone 16.1
E1: 2x 45 x 23 cm für Rückseite
F: 2x 83 x 7 cm für Binding
G: 45 x 30 cm

Start hier

Beginne in der unteren linken Ecke und nähe die erste Raute mit den umliegenden Ecken aus E zusammen. Bügle die Nähte auseinander. Nähe jetzt die nächste darüberliegende Reihe erst in sich zusammen, bügle die Nähte auseinander und nähe sie dann diagonal an die fertige Ecke.
Verfahre so weiter, immer erst die diagonalen Reihen von oben links nach unten rechts zusammen nähen, Nähte auseinander bügeln und dann die Reihe an die vorherige Reihe der Ecke nähen. Achte dabei darauf, dass die Nähte genau übereinander treffen. Bügle nun alle diagonalen Nähte auseinander. Bügle das Volumenvlies auf die fertige Vorderseite und steppe von rechts alle Rauten im Nahtschatten ab. Lockere die Fadenspannung etwas und wähle eine größere Stichlänge, damit die Naht schön weich wird. Steppe an den Zuschnitten aus E1 für die Rückseite jeweils eine Längskante einen Saum. Diese Enden zum Hotelverschluss so übereinander legen, dass sie links auf links passgenau auf die Vorderseite gelegt werden können. Steppe Vorder- und Rückseite füßchenbreit aufeinander.
Fertige das Randbinding mit den Zuschnitten aus F wie hinten im Buch auf Seite 6 beschrieben. Entferne jetzt nur noch alle Stecknadeln.

Start hier

Blütenpotpourri

Sommerblüher wie blauer Duft-Lavendel und Kamille gelten nicht nur als besonders bienen- und schmetterlingsfreundlich, die mehrjährigen Pflanzen verwöhnen uns im Sommer mit einer wahren Duftpracht. Auch die Rose schließt sich diesem Farb- und Duftschauspiel an und verzaubert uns mit ihrem klassisch sinnlichen Geruch. Diese blumigen Düfte des Sommers können wunderbar konserviert werden, indem man besonders intensiv duftende Blüten-Exemplare schonend eintrocknet. Die getrockneten Blüten werden anschließend in kleine Duftkissen gefüllt. So sorgen sie in den heimischen Räumlichkeiten, insbesondere in Kleiderschränken und in Badezimmern, für ein wohltuendes Ambiente.

Kreuzstich-Kälbchen

Größe der Stickerei 8,5 x 7,8 cm
51 x 62 Kreuze
Stickerei auf Seite 121

Material

- 0,40 m Stickleinen weiß
- 0,05 m BW-Stoff Emma Sand

Das kleine Galloway-Kälbchen schaut neugierig unter seinem üppigen Haarschopf hervor. Ob es wohl was Spannendes drüben auf der Weide entdeckt hat? Bestimmt hat es seinen kleinen Laufenten-Freund entdeckt, mit dem es ja so gerne über die Wiese flaniert. Einfach nur zu niedlich ist dieses schöne Tiermotiv! Daher begegnet es uns nicht nur als Web-Patch, sondern auch als feine Kreuzstickerei. Durch den Wechsel an Brauntönen wird die kuschelige Fellstruktur dabei auf tolle Art und Weise wiedergegeben.

Sticke das Motiv mittig auf ein 40 x 40 cm großes Stück Leinen. Um die Stickerei hübsch zu rahmen, sollte sie abschließend fadengerade gebügelt werden. Eine romantische Schleife aus gerissenem Baumwollstoff vervollständigt das Bild.

DUFTFEINES
Dekohäuschen

Der kleine Hausanhänger wird mit getrockneten Blüten aus dem Garten befüllt und verströmt so einen angenehmen Duft. So wird er zum Beispiel zu einem besonderen Geschenk zum Einzug in ein neues Heim.

WINDLICHTER MIT GEPRESSTEN BLÜTEN

Blumen sammeln und pressen macht so viel Freude und begleitet uns das ganze Jahr hindurch. Nach dem Pressen in der Blumenpresse oder ganz klassisch zwischen ein paar schweren Büchern, werden die konservierten, feinen Blumenschätze in einer kleinen Holzkiste für ihren kommenden Einsatz verwahrt. Denn es gibt so viele schöne Verwendungsmöglichkeiten von gepressten Blüten. Hier zeigen wir euch eine unserer liebsten Basteleien: Kleine Blumenwindlichter.

Für die Windlichter werden alte Gläser, gepresste Blumen und Blätter, transparenter Kleber / Decoupagekleber, Pinsel, Jutekordel und Teelichter benötigt.
Reinige die Gläser gründlich, sie sollten trocken und fettfrei sein. Bepinsele das Glas mit transparentem Kleber und verziere es mit den gepressten Blumen. Dicke Stängel halten schwer, brich sie lieber vorher ab. Gib zur Sicherheit abschließend noch eine dünne Schicht Kleber mit dem Pinsel darüber und lasse die Gläser trocknen. Umwickele die Windlichter abschließend mit etwas Jutekordel und stelle die Kerze hinein.

BLÜTEN *Kompositionen*

Mit hübschen Blumenwindlichtern werden für die Abendstunden stimmungsvolle und heitere Blickpunkte geschaffen.

Sticklexikon

Bügeln & Waschen

Wasche das bestickte Leinen vorsichtig von Hand, trockne es in einem Handtuch und bügle es noch leicht feucht von der linken Seite mit einem Tuch darüber.

Grössenermittlung einer Stickerei

Auf 12-fädigem Leinen ergeben 6 Kreuze einen Zentimeter. Auf 11-fädigem Leinen werden 5,5 Kreuze pro Zentimeter gestickt. Um die Größe einer Stickerei zu ermitteln, teile die Gesamtkreuze (Breite und Höhe) durch die Kreuze pro Zentimeter.

Beispiel:
120 x 60 Kreuze / 12-fädiges Leinen = 20 x 10 cm oder
120 x 60 Kreuze / 11-fädiges Leinen = 22 x 11 cm.

Platzierung der Stickerei

Die Stickerei wird, sofern nicht anders angegeben, in die Mitte des Leinenstücks gestickt. Dafür ermittele die Mitte des Leinens und des Stickmusters. Markiere die Leinenmitte mit einem Reihfaden oder einer Stecknadel und zähle von dort bis zum Rand des Stickmusters, wo du beginnen möchtest. Zwei Fäden ergeben ein Kreuz bzw. ein Kästchen im Stickmuster. Die abgebildeten Stickmuster können im Kreuzstich sowie im Petit Point gestickt werden. Beim Petit Point und auch beim Kreuzstich wird ein Kästchen als ein Stich angesehen. Ein Motiv, welches im Petit Point gestickt ist, ergibt sich um ein Viertel kleiner auf dem Leinen, als ein Motiv im Kreuzstich.

Stickgarn

Die Motive in diesem Buch sind alle mit deutschem Baumwollgarn der Firma Vaupel & Heilenbeck gestickt. Bei diesem Garn handelt es sich um ein einfädiges, reines unmercerisiertes Baumwollgarn. Es ist matt, farb- und lichtecht und bis 60 °C waschbar. Aufgrund der farbigen Darstellung der Motive können sie ganz bequem auch in Garne anderer Hersteller umgestellt werden.

Stickleinen

Das von uns verwendete Leinen ist ein in Kette und Schuss relativ gleichmäßiges Gewebe, d.h. die gestickten Kreuze werden quadratisch. Die Leinenbreitware misst 12 Fäden pro Zentimeter, das Leinenband 11 Fäden je Zentimeter. Leinen ist ein Naturmaterial, wasche es deshalb nach dem Besticken und vor dem weiteren Verarbeiten vorsichtig per Hand, damit es sich nicht verzieht. Trockne es im Liegen auf einem Handtuch. Bügle das Leinen noch feucht von der linken Seite mit einem Tuch glatt. So kommt die Stickerei auf der rechten Seite schön zur Geltung. Die in diesem Buch verarbeitete Leinenbreitware ist von der Weberei Weddigen, die Leinenbänder sind von Vaupel & Heilenbeck.

Sticknadel

Die Sticknadel hat in der Regel keine Spitze, um die Gewebefäden nicht anzustechen. Wir empfehlen eine Nadel der Größe 24 oder 26. Für den Knötchenstich raten wir zu einer Nadel mit Spitze, um gegebenenfalls durch schon besticktes Leinen zu stechen.

Stickstiche

Kreuzstich

Dieser Stich wird über zwei Gewebefäden gearbeitet. Er wird in hin- und hergehenden Reihen gestickt. In der Hinreihe werden die Grundstiche von links unten nach rechts oben über zwei Gewebefäden ausgeführt. In der Rückreihe werden die Deckstiche gesetzt. Sie werden von rechts unten nach links oben ausgeführt. Wird das Muster durch eine andere Farbe unterbrochen, wird der Zwischenraum durch einen längeren Schrägstich übergangen. Dieser sollte nicht länger als drei Kreuze sein.

Knötchenstich

Dieser Stich liegt plastisch auf dem Stoff oder auf dem schon bestickten Leinen. Dafür steche von unten durch das Leinen nach oben aus. Halte den Faden mit dem linken Daumen und Zeigefinger fest und winde ihn zwei- bis dreimal um die Nadel. Ziehe diese Schlingen ganz dicht an das Leinen und führe die Nadelspitze in ein Nachbarloch der Ausstichstelle zurück. Greife nun mit der linken Hand unter dem Leinen nach der Nadel und lasse den Faden langsam durch die Finger gleiten. Der Faden zieht sich zu einem Knötchen zusammen.

Petit Point

Beim Petit Point wird auf der Vorderseite über einen Gewebefaden gestickt. Dabei wird von hinten der Faden von links unten ausgestochen und vorne nach rechts oben eingestochen.

Spannstich

Dieser Stich wird von unten nach oben durch das Gewebe ausgestochen. In der gewünschten Stichlänge wird wieder eingestochen. Den Stich in optisch gutem Abstand wiederholen. Er darf nicht zu locker gearbeitet werden.

Steppstich

Dieser Stich wird von rechts nach links gearbeitet. Dabei wird von unten durch das Leinen ausgestochen, die Nadel um die gewünschte Stichlänge nach rechts eingestochen und um die doppelte Stichlänge nach links zurückgestochen. Dann wird wieder in die letzte Ausstichstelle eingestochen und in doppelter Stichlänge die Nadel nach oben ausgestochen.

Stielstich

Dieser Stich wird von links nach rechts bzw. von unten nach oben gearbeitet. Ausstechen, einige Gewebefäden nach rechts bzw. nach oben übergehen, einstechen, die Hälfte der übergangenen Gewebefäden auffassen und wieder ausstechen. Die folgenden Stiche ebenso arbeiten. Ausgestochen wird oberhalb oder unterhalb des Arbeitsfadens, dies ergibt ein gleichmäßigeres Bild.

Stickstiche

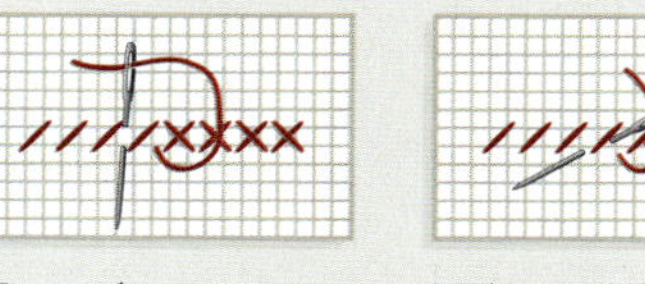

Kreuzstich

3/4 Kreuzstich

1/2 Kreuzstich

Knötchenstich

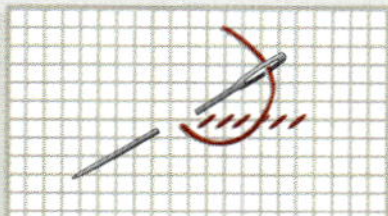

Petit Point

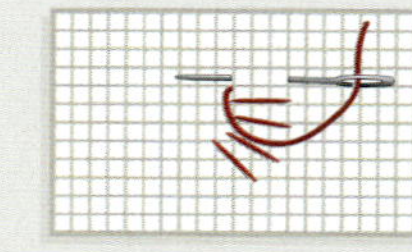

Spannstich

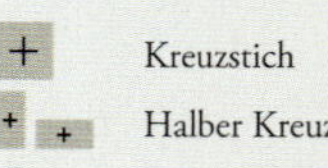

Kreuzstich
Halber Kreuzstich
Knötchenstich
Petit Point
Steppstich

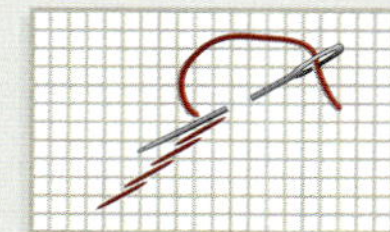

Stielstich

Steppstich

UMRECHNUNGS-TABELLE

V&H	DMC
1000	3865
1007	642
1222	543
1600	632
2051	754
3006	B5200
3305	3712
3312	3064
3512	3790
3612	938
3741	535
3962	758
3986	3774
3995	437
3996	420
3997	783
3998	738
4002	648
4004	645
4005	869
4008	3755
4015	801
4023	840

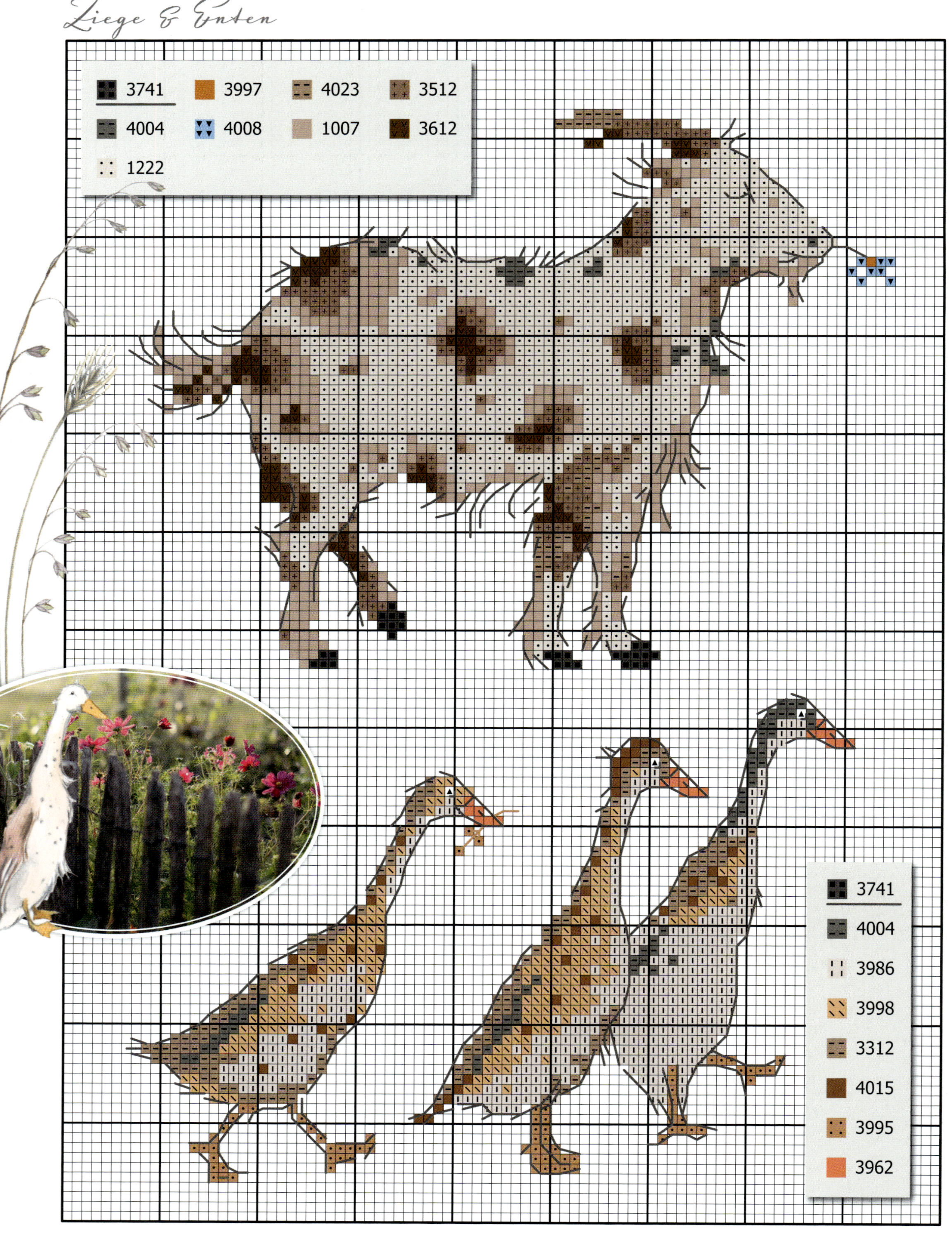
3741
3997
4023
3512
4004
4008
1007
3612
1222
3741
4004
3986
3998
3312
4015
3995
3962

3741
4004
1007
3995
3996
3312
3986
4015
3741
3997
3998
3995
3006
4005
3305
3996

AUF LEISEN
Samtpfoten

Diese schöne Stickerei misst gestickt auf 12 fädigem Leinen 9,5 x 8 cm (57 x 49 Kreuze).

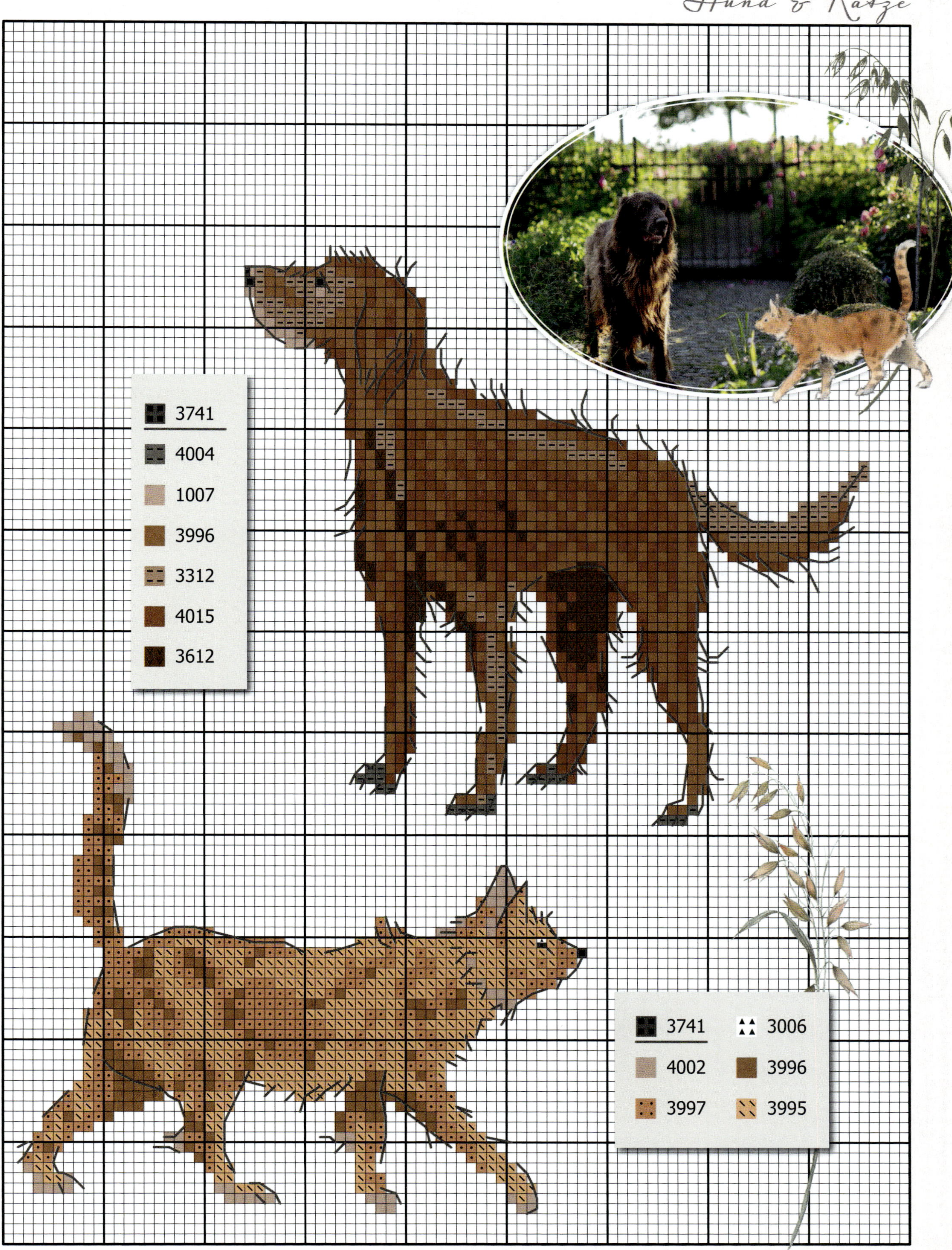
3741
4004
1007
3996
3312
4015
3612
3741
3006
4002
3996
3997
3995

Pferdchen

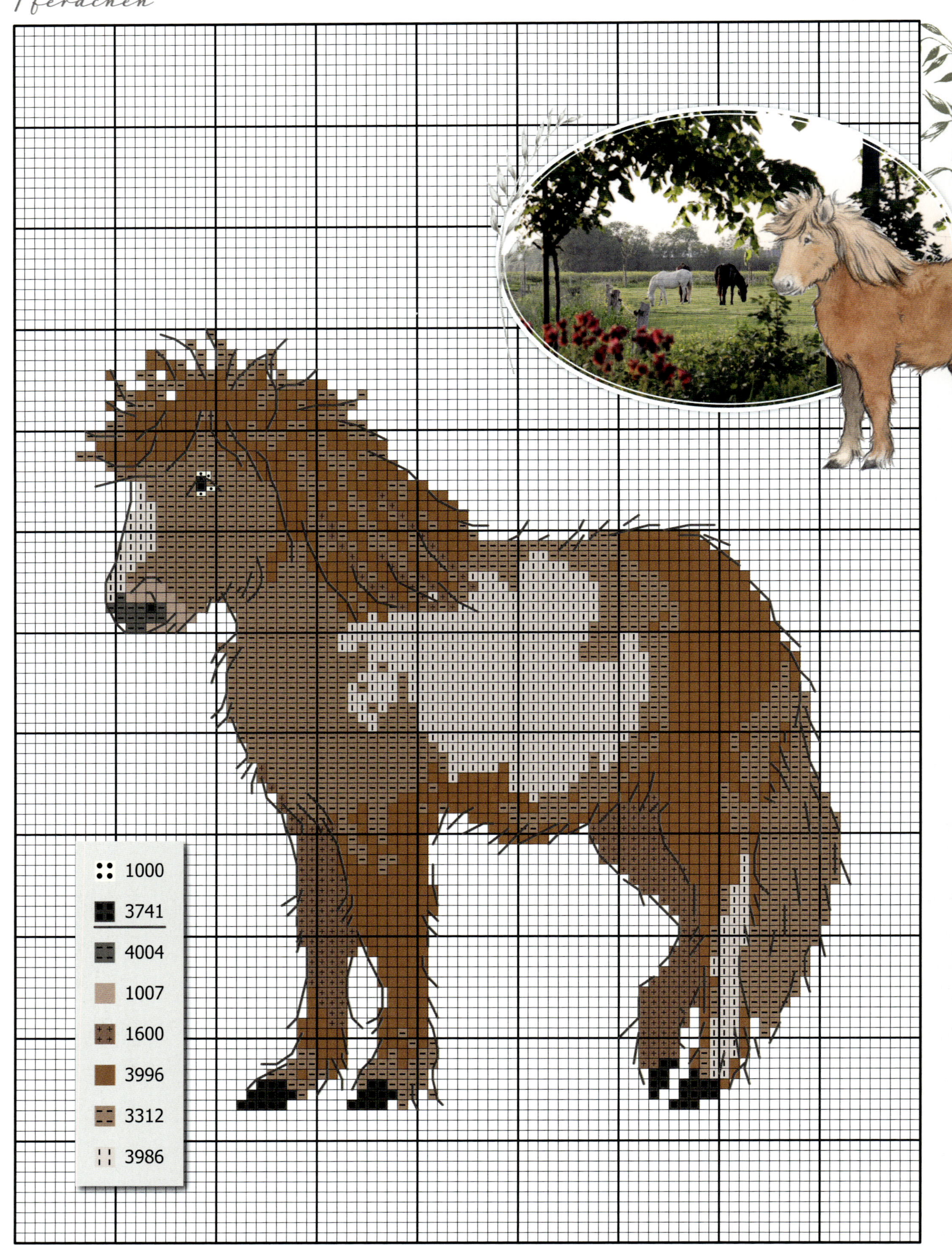

Materialindex

Stickerei
Stick-/Zähleinen weiß/gebleicht 12-fädig, 140 cm breit, Art.-Nr. 319-113W
Stickgarn Deutsches Baumwollgarn V+H, einfädig, Art.-Nr. 305-3080

Baumwollstoffe im Digitaldruck (Waschen beachten, siehe Seite 6)
BW-Stoff Stallgeschichten 145 cm breit, Art.-Nr. 3523-841
BW-Stoff Blütenpracht 145 cm breit, Art.-Nr. 3523-898
BW-Stoff Erdbeerfeld 145 cm breit, Art.-Nr. 3523-899
BW-Stoff Gartenallerlei 145 cm breit, Art.-Nr. 3523-901
BW-Stoff Hoftiere 145 cm breit, Art.-Nr. 3523-902
BW-Stoff Pferdesommer 145 cm breit, Art.-Nr. 3523-903
BW-Stoff Weideglück 145 cm breit, Art.-Nr. 3523-904
BW-Stoff Wiesenblumen 145 cm breit, Art.-Nr. 3523-905
BW-Stoff Feine Flora 145 cm breit, Art.-Nr. 3523-900

BW-Stoff Emma Petroleum 145 cm breit, Art.-Nr. 3523-1300-15
BW-Stoff Emma Rose 145 cm breit, Art.-Nr. 3523-1300-10
BW-Stoff Emma Himbeere 145 cm breit, Art.-Nr. 3523-1300-11
BW-Stoff Emma Thymian 145 cm breit, Art.-Nr. 3523-1300-01
BW-Stoff Emma Kiesel 145 cm breit, Art.-Nr. 3523-1300-09
BW-Stoff Emma Haselnuss 145 cm breit, Art.-Nr. 3523-1300-03
BW-Stoff Emma Sand 145 cm breit, Art.-Nr. 3523-1300-12
BW-Stoff Emma Kakao 145 cm breit, Art.-Nr. 3523-1300-07
BW-Stoff Emma Korn 145 cm breit, Art.-Nr. 3523-1300-04

Webstoffe Baumwolle (Einlauf beachten, Siehe Seite 6)
Webstoff Fischgrät Blau 140 cm breit, Art.-Nr. 3523-1603-80
Webstoff Fischgrät Grün 140 cm breit, Art.-Nr. 3523-1603-27
Webstoff Fischgrät Natur 140 cm breit, Art.-Nr. 3523-1603-06
Webstoff Fischgrät Gelb 140 cm breit, Art.-Nr. 3523-1603-82
Webstoff Karo Rosa 140 cm breit, Art.-Nr. 3523-1601-77
Webstoff Karo Blau 140 cm breit, Art.-Nr. 3523-1601-80
Webstoff Karo Grün 140 cm breit, Art.-Nr. 3523-1601-27
Webstoff Karo Gelb 140 cm breit, Art.-Nr. 3523-1601-82
Webstoff Streifen Grün 140 cm breit, Art.-Nr. 3523-1602-27
Webstoff Streifen Blau 140 cm breit, Art.-Nr. 3523-1602-61

Nähleinen
Leinen Stonewashed Khaki 140 cm breit, Art.-Nr. 3622-RS0214-027
Leinen Stonewashed Rauchbraun 140 cm breit, Art.-Nr. 3622-RS0214-059
Leinen meliert Jeansblau 135 cm breit, Art.-Nr. 3622-MR1023-007
Leinen meliert Natur 135 cm breit, Art.-Nr. 3622-MR1023-054
Leinen meliert Hellgrau 135 cm breit, Art.-Nr. 3622-MR1023-063
Leinen meliert Haselnuss 135 cm breit, Art.-Nr. 3622-MR1023-056

Teddyplüsch Wollweiß 80% BW 20% PES, 150 cm breit, Art.-Nr. 3622-RS0033-051

Webbänder & Web-Patches (Pflege, siehe Seite 6)
Webband Hühner 16 mm breit, Art.-Nr. 35383
Webband Pferde 16 mm breit, Art.-Nr. 35384
Webband Schweinchen 16 mm breit, Art.-Nr. 35385

Web-Patch Schweinchen 50x50 mm breit, Art.-Nr. 35391
Web-Patch Stiefel & Katze 40x50 mm breit, Art.-Nr. 35394
Web-Patch Kalb & Ente 40x50 mm breit, Art.-Nr. 35389
Web-Patch Unikat 40x50 mm breit, Art.-Nr. 35386
Web-Patch Pflanzzeit 50x40 mm breit, Art.-Nr. 35395
Web-Patch Home 50x40 mm breit, Art.-Nr. 35396
Web-Patch Familie 50x40 mm breit, Art.-Nr. 35387
Web-Patch Ich mag dich 50x40 mm breit, Art.-Nr. 35388
Web-Patch Gutes Team 50x40 mm breit, Art.-Nr. 35390
Web-Patch Homemade 50x40 mm breit, Art.-Nr. 35392
Web-Patch Happiness 50x40 mm breit, Art.-Nr. 35393

Jutekordel, mittel 2,8 mm, Art.-Nr. 6425-1714-2.8-518
Jutekordel, dünn 1,7 mm, Art.-Nr. 6425-1714-1.7-518
Spitze Maia creme 100 % BW, 13 mm breit, Art.-Nr. 6425-1635-013-221

Einlagen
Füllwatte 100% PES 100 g Beutel, Art.-Nr. 6269-150
Bauschiges Volumenvlies 75 % PES 25 % R-PES, 150 cm breit, Art.-Nr. 3255-295
Dickes Volumenvlies zum Aufbügeln 60% PES 40% R-PES, Art.-Nr. 3255-H640
Gewebeeinlage 100 % BW, 90 cm breit, Art.-Nr. 3255-G700
Vlieseline dünn 85 % PA 15 % R-PES, 90 cm breit, Art.-Nr. 3255-H180
Vliesofix mit Trägerpapier 100 % PA, 90 cm breit, Art.-Nr. 3255-53260811

Die hier aufgeführten Materialien erhalten Sie im Fachhandel oder direkt bei uns im Onlineshop auf ***www.acufactum.de***

Liebevolle Produkte für eine schöne Handarbeit

Es ist unser Wunsch Sie mit den wundervollen Designs unserer Produkte, die wir gemeinsam mit namhaften Illustratorinnen kreieren, zu verzaubern und Ihnen immer wieder neue Welten zu offenbaren. Entdecken Sie viele schöne Produkte bei Ihrem Fachhändler vor Ort oder bei uns im Onlineshop *www.acufactum.de*

3523-898
BW-Stoff Blütenpracht

3523-899
BW-Stoff Erdbeerfeld

3523-900
BW-Stoff Feine Flora

3523-901
BW-Stoff Gartenallerlei

3523-902
BW-Stoff Hoftiere

3523-903
BW-Stoff Pferdesomer

3523-904
BW-Stoff Weideglück

3523-905
BW-Stoff Wiesenblumen

…der Stoffe sind Simulationen.

Web-Patches:
50 x 40 mm
40 x 50 mm

35392 Patch Homemade

35395 Patch Pflanzzeit

35388 Patch Ich mag dich

35393 Patch Happiness

35396 Patch Home

35387 Patch Familie

35390 Patch Gutes Team

3523-1601-27
BW-Stoff Karo Grün

3523-1601-80
BW-Stoff Karo Blau

3523-1601-82
BW-Stoff Karo Gelb

3523-1601-77
BW-Stoff Karo Rosa

3523-1603-27
BW-Stoff Fischgrät Grün

3523-1603-80
BW-Stoff Fischgrät Blau

3523-1603-82
BW-Stoff Fischgrät Gelb

3523-1603-06
BW-Stoff Fischgrät Braun

3523-1602-27
BW-Stoff Streifen Grün-Natur

3523-1602-61
BW-Stoff Streifen Blau

Baumwoll-Webstoffe mit Landhausflair

Diese wunderschönen, griffigen Webstoffe werden mit viel Engagement in Spanien für uns produziert. Sowohl die Karos, das Fischgrätmuster und auch die Streifen laufen aufgrund der Webtechnik unterschiedlich ein. Bitte beachten Sie unsere Waschempfehlungen auf Seite 6.

35386 Patch Unikat

35391 Patch Schweinchen

35389 Patch Kalb & Ente

35394 Patch Stiefel & Katze

35383 Webband Hühner 16 mm breit

35384 Webband Pferde 16 mm breit

35385 Webband Schweinchen 16 mm breit

Impressum

2. Auflage 2025
Herausgegeberin: Ute Menze
Verlag acufactum Ute Menze
Buchenstraße 11 • 58640 Iserlohn-Hennen
Fon: 02304 91097 0 • Fax: 02304 91097 26
E-Mail: info@acufactum.de
Webseite: www.acufactum.de

• Idee & Konzept: Silke Schneider-Windt & Meike Menze-Stöter
• Textile Entwürfe und Realisation, Styling und Fotografie: Silke Schneider-Windt, www.heimgemacht.de
• Illustrationen: Sophia Drescher, www.sophiadrescher.com
• Textilmotive nach Zeichnungen von: Sophia Drescher
• Gestaltung, Satz, Stickumsetzung und Skizzen: acufactum
• Druck: Neografia, Slowakei
ISBN 978-3-940193-61-2

Wichtiger Hinweis
Die im Buch veröffentlichten Ratschläge wurden vom Verlag sorgfältig geprüft. Eine Garantie kann jedoch nicht übernommen werden. Ebenso ist eine Haftung des Verlags für Personen-, Sach- oder Vermögensschäden ausgeschlossen. Abweichende Farben können drucktechnisch bedingt sein.

Bibliografische Information Deutsche Nationalbibliothek
Die Deutsche Nationalbibliothek verzeichnet diese Publikation in der Deutschen Nationalbibliografie; detaillierte bibliografische Daten sind im Internet über http://d-nb.de abrufbar.